高校生・受験生・大学生のための
中堅大学活用術

宇田川 拓雄　編著

大学教育出版

まえがき

　この本、『高校生・受験生・大学生のための中堅大学活用術』は文字どおり中堅大学の活用法を紹介する本だ。中堅大学とは簡単に言えば「難関大学ではない大学」のことで、数の上では日本の大学の大半を占める。中堅大学の厳密な定義があるわけではないが、本書ではおおむね偏差値60未満の大学を念頭においている。難関大学への入学者の数は少ない。大学進学希望者の大多数（マジョリティー）は中堅大学に進学する。

　執筆者は皆、中堅大学で教育指導、生活指導、進路指導をしている大学教員だ。私たちがこの本を企画したのは、私たち自身が学生指導に困っているからだ。その事情を説明したい。

　最近、学生は満足できる学生生活が送れていないように見える。その原因が大学の側にあることもある。教員の授業が下手な場合や大学の進路指導が社会の現状にあっていない場合だ。そういう問題の改善には大学も教員も真剣に取り組んでいる。問題点がはっきりし対策方法もいろいろと考えられるので、時間をかければ改善できるだろう。

　私たちが一番困るのは「改善が難しい問題」があることだ。それは、学生が中堅大学の実情を知らないで入学してくることや、大学がどんなところなのかについて勘違いしていることだ。そういう学生は勉強の面でも生活の面でも大学生活が下手だ。自分の現状が困ったものだということにも気付かない。放置しておけば、何が何だかわからないまま、面白くもない4年間を過ごしてしまう。

　これは学力の問題ではなく、大学についての理解や、大学で何をするのかについての本人の意志の問題だ。高校でも予備校でもそういうことを教える授業などない。

　入学後に学生に大学とは何かを理解してもらったり、勘違いを直してもらったりするのは簡単なことではない。なかなかわかってもらえないし、

時間も手間もかかる。大学に来ている目的や意味がわかっていない学生は勉強や生活もうまくいかない。自分が誰なのか確認できないまま就職活動の時期になってしまう。そのような学生が就活で成功する可能性は低い。

私たちの学生が大学についてよく知らない理由は、私たちは大学進学情報のかたよりにあると考える。大学進学情報は有名大学や難関大学にかたより過ぎている。中堅大学の情報はとても少ない。

毎年のように大学選びをテーマとした多数の書籍や雑誌が発行されている。その内容はかなり似通っている。例えば『大学ランキング』（朝日新聞社）では次のようなテーマが扱われている。「すぐれた大学全国ランキング」「世界ランキング」「女子アナ出身ランキング」「ノーベル賞受賞者ランキング」「社長輩出ランキング」。

編集者は、高偏差値で、盛んな勉学意欲を持ち何事にも積極的に挑戦しようとする優秀な若者や、スポーツ・芸術・エンタテインメントなどの分野で高い望みを持つ若者を念頭に書籍作りをしていることがうかがえる。他の書籍でも「マスコミの話題の大学」「有名企業に入りやすい大学」「高収入職に就きやすい大学」など、週刊誌ネタ風の記事を掲載するのが一般的だ。

「学力偏差値を基準とした大学選び」（入口）と「有名企業への就職実績による大学選び」（出口）についてのさまざまな情報が、手を替え品を替え編集されている。詳しい説明が出ている大学はランキング上位大学、つまり難関大学、有名大学にほぼ限定されている。その様子は有名ブランド商品しか展示しない高級デパートのショーウィンドーのようだ。

数は少ないが、入口と、出口の紹介だけでなく、大学の中身（つまり授業内容）を紹介している記事もあるにはある。しかしそれは特別な大学の、マスコミネタになりそうな面白い授業や、選抜された少数学生に対する珍しい教育プログラム、あるいは1年に1回だけの特別なイベントの紹介で、「普通の大学」の授業の中身の紹介はどこにもない。

このような現状は、中堅大学で授業を行い、日常的に学生に接している大学教員にとっては不満だ。学力が特に高くもなく、特別な目標を持って

いるわけでもなく、芸術やスポーツの特別な才能も持たず、大学で何をしたいかはっきりしていないが、結果的に中堅大学に進学することになる若者が頼りにできる良いガイドブックがないからだ。

ここ 20 年間で社会は急速に変化し、大学や大学教育の仕組みや、学生生活が昔とは相当違ったものになっている。特に現在の中堅大学は、高校の先生や親御さんが知っている大学とはずいぶん違っている。しかし、大学の外の人が大学の現状を知るのは難しい。このような状況で、中堅大学に入ってくる学生にきちんとした大学教育を行い、一人前の社会人として卒業させるのは簡単ではない。

そこで、中堅大学に進学しようとする受験生と、中堅大学に入学した新入生を念頭に、学生は 4 年間で具体的に何をどんな風に学び、どんなアイデンティティを獲得し、大学をどう活用しているのかについて、現状をわかりやすく解説し、中堅大学を活用する術を紹介する本を作ろうと考えた。術とは「わざ、てだて（策略）、手段」（『広辞苑』）という意味だ。そうすれば、高校生、受験生、新入生、親御さん、高校の進路指導の先生の役に立ち、大学で教育する私たちも助かる。

私たちは、大学は若者が将来、有意義な人生を過ごすためのさまざまな知識や技能を学べ、同時に、楽しく 4 年間を過ごせる場所だと考えている。この本を利用して中堅大学を活用できる学生になってほしい。

2014 年 9 月

宇田川拓雄

高校生・受験生・大学生のための中堅大学活用術

目　次

まえがき ……………………………………………………………………… i

第1部　中堅大学入門

第1章　大学選びの基礎知識 …………………………………… 2
1. 大学は行く価値があるのか　*2*
2. 偏差値と大学選び　*3*
3. 大学は運命修正の大冒険　*4*
4. 学力不足でも大学の授業は大丈夫だ　*6*
5. 難関大学でなくとも大学は行く価値がある　*6*
6. 主要科目は主要ではない　*7*
7. 大学教育の効用　*9*
8. どの大学を選ぶか　*9*
9. 将来の夢は何か　*13*
10. 職業は考えているか　*14*

▶コラム1　読みやすい文字は成功の鍵　*16*

第2章　大学生活のコツ …………………………………… 17
1. はじめに　*17*
2. 大学では人間関係のネットワークを作る　*17*
3. 地元の大学について　*21*
4. 一人暮らしは大変だ　*22*
5. お金について　*24*
6. 危険を避けること　*25*

▶コラム2　筆記用具 ── シャープペンの選び方　*28*

第3章　大学デビュー ── 「社会人」になるためのスタート ……… 29
  1.　高校デビューから大学デビューへ　29
  2.　大学デビューのために ── 大学生にとっての大学とは　32
  3.　高校デビューから大学デビューへ ── 高校生にとっての大学とは　38
  4.　おわりに ── 社会人デビューに向けて　41
 ▶コラム3　アリバイ工作はやめよう　42

第4章　教養科目もマンガもJ-POPも教養だ …………………… 44
  1.　「履修基準」の謎 ── 肩身が狭い教養科目　44
  2.　教養は履修基準からはみ出るものだ　46
  3.　誰だって教養の種はもっている　48
  4.　深く辿る、「結び目」を探す　50
  5.　教養とは「つなげる」こと　54
 ▶コラム4　学校ユートピアからの卒業　57

第5章　企業から見た中堅大学 ………………………………… 59
  1.　はじめに　59
  2.　「中堅大学」の新卒生に対する企業の関心は高い　59
  3.　大卒新規採用（学生の就職）の現在　60
  4.　中堅大学の学生の企業に入ってからの役割　66
  5.　おわりに　68
 ▶コラム5　数学と物理学　70

第6章　ITツールのちょっと「大人」な使い方 ………………… 71
  1.　機材の選定 ── 余裕のある作業空間で仕事をすること　71
  2.　タッチタイピング ── 自分の身体の動きを知る　73
  3.　紙媒体を重視しよう　75
  4.　大学生っぽいネット情報空間を知ること　77
  5.　ネットの「発信」は「大人」の所作で　79

▶コラム6　交換留学という方法　*81*

第2部　特徴ある授業の紹介

第7章　大学で対話力を学ぶ …………………………… *84*
1. 対話をするということ　*85*
2. 社会人基礎力と対話力　*87*
3. 対話の方法を学ぶ授業「話し合いトレーニング」　*90*
4. 大学で対話力を養う意義　*96*
▶コラム7　学生料理のすすめ ── 未来の自分の身体のために　*97*

第8章　わかりやすい成績評価法 ── 理系科目を例に ……… *99*
1. 大学の「単位」とは？　*99*
2. 単位をとるためには？　*101*
3. わかりやすい成績評価方法　*103*
4. おわりに　*109*
▶コラム8　カタカナ英語学習は、日本語学習の第一歩　*110*

第9章　英語とどうつきあうか ………………………… *112*
1. 中堅大学の英語環境　*112*
2. 中堅大学と外国語教育　*113*
3. 大学の英語　*115*
4. 大学の授業で英語力向上は可能か　*117*
5. 外国語上達のコツ　*118*
▶コラム9　女子学生の海外生活　*123*

第 10 章　日本語教員養成プログラム … 125

1. はじめに　*125*
2. 日本語教師とは　*126*
3. 日本語教師はどこで教えるのか　*126*
4. 日本語教師は「国語教師」や「英語教師」と同じか　*127*
5. 日本語教師は日本人か　*127*
6. 日本語教員養成プログラムとは　*128*
7. 日本語教員養成プログラムの科目の構成とその内容　*129*
8. 実習系の授業　*132*
9. 日本語教員養成プログラムの枠を超えて　*133*
10. 日本語教員養成プログラム修了後　*134*
11. おわりに　*135*

▶コラム10　メディア・ネットの大衆化 ── 育った時代の特徴を知っておこう
136

第 11 章　大学でメタ学習（学び方の学び方）を学ぶ … *138*

1. はじめに ── メタ認知とは　*138*
2. 大学における学習支援の背景　*140*
3. 学ぶ力を身につける　*145*
4. おわりに　*147*

第 12 章　国語と日本語 … *149*

1. 国語の勉強　*149*
2. 大学にも国語はあるの？　*150*
3. 大学では国語であまりやっていないことが大切になる　*151*
4. 大学の国語 ── 高校の国語でやらなかったこと　*152*
5. 中堅大学の授業の実際　*157*
6. おわりに　*159*

第13章　文化人類学的フィールドワークを楽しむ ……………… *160*

    1. 文化人類学を学ぶには　*160*

    2. 文化人類学に関する誤解　*161*

    3. 文化を比較する視点　*163*

    4. なんでもありの文化人類学　*163*

    5. テーマは当たり前のこと　*164*

    6. 小さな疑問をもって世界へ　*165*

    7. 文化人類学のフィールドワーク　*166*

    8. 言葉を覚える　*167*

    9. フィールドワークは準備からはじまる　*168*

   10. 建前と本音、現場の言葉　*169*

   11. カルチャーショックの達人を目指す　*170*

   12. 文化人類学は役に立つ　*171*

第14章　就活に役立つキャリア支援科目 ……………………… *173*

    1. 就職支援とキャリアセンター　*173*

    2. 態度が問題だ　*175*

    3. 学生の態度修正　*178*

    4. 強化項目　*181*

あとがきに代えて ── 著者たちからのメッセージ ……………… *187*

著者紹介 …………………………………………………………… *191*

第1部　中堅大学入門

　第1部では、中堅大学に進学する学生諸君が知っておいた方がよいと思われる事柄のうち、どの大学に行くことになっても役立つテーマを選んだ。大学入試を突破するための勉強方法や、全国模試やセンター試験の成績から最適かつ安全な受験先をどのように選ぶか、といった話題はたくさんの参考書、受験本が出版されている。高校のガイダンスや予備校の受験相談会でも必要な情報は入手できるだろう。
　ここでは試験の点数や大学難易度や大学の就職内定率といった話は扱わない。大学進学を自分の人生の中のどんな機会と考えればよいのか、何を基準に大学を選べばよいのか、大学では何をどんな風に学ぶのか、自分が進学する中堅大学の学生は社会的にはどういう存在なのかといった、大学進学の背後にある地味だけれども重要な情報を提供する。

第1章

大学選びの基礎知識

1. 大学は行く価値があるのか

　中堅大学の学生には、大学進学するかどうか悩んだという人も多い。高卒で働く、短大に行く、専門学校に行くなどの道ではなく、大学進学の道を選ぶのは正解だろうか。大学進学率が50％を超え、高卒生の半数以上が高等教育を受ける時代になった。価値があるからみんなが行くのだろうか。簡単には入れない難関大学は価値がありそうだ。中堅大学でも行く価値があるのだろうか。

　その答えはこうだ。どのレベルの大学でも行く価値がある。

　大学の価値には二つある。「社会のルールとしての価値」と「個人が実感する価値」だ。大学で決められた授業を受講し試験に合格し、卒業に必要な単位をとったら大卒者となる。大卒者は高等教育を学び、高い教養と専門知識を身につけているので尊敬される。この考え方は世界的に共通で、大卒資格はどの国でも高い職業地位に就く必要条件として認められている。社会は大学教育に価値を認め、大卒者を優遇する。社会のルールとして「大卒資格には価値がある」と決まっているのだ。

　二番目の「個人が実感する価値」はあなたが大学で楽しく過ごすかどうかと関係する。もしも大卒の価値が社会のルールで決まっているだけなら、大学を無事卒業し資格をとればそれで十分だ。大学で何を学ぶか、どう学ぶか、誰に学ぶか、誰と学ぶかはどうでもいい。決められた授業に出席して単位をとり、あとは遊んで暮らす。そういう生活をしても構わない。

その場合はあなたは大学の価値を実感できない。大学生は自由の幅が大きいから、4年間、勉強は形式的にこなし、時間や熱意のほとんどを大好きなゲームや部活動に集中し楽しく過ごすことは可能だ。それでは何も獲得できない。卒業の時点で自分に残るのが、楽しい夢から覚めた時のようなむなしさだったらどうするのか。

大学は高校卒業までに学校、社会、家庭で学んだ事柄を自分なりに整理し、自分自身の視点で学び直し、納得する場所だ。これはとても面白い。このことは、いかにも教員が学生たちにいいそうなセリフに聞こえるかもしれない。毎年たくさんの学生が面白い勉強など期待せずに入学して来る。しかし大学を馬鹿にしてはいけない。大学はさまざまなオプションを用意していて、どんな学生も一つや二つ、つい夢中になってしまう面白い事柄に出会うように仕組んである。それが個人が実感する大学の価値だ。

大学を上手に利用すれば、大学はテーマパークそっくりに見えるだろう。絶対に楽しまないぞ、と固く決心していない限り、支払った料金に見合う価値は特別な苦労なく手に入れることができる。大学に行く価値は十分ある。

2. 偏差値と大学選び

現在、日本に大学は800校近くある。どの大学を選ぶか問題になる。偏差値だけでは大学は選べない。誰でも良い大学に入りたいだろう。良い大学は週刊誌や大学入試企画のムック本に出ている。「女子アナ出身大学ランキング」や「有名会社就職ランキング」などの項目ごとの大学ランキングもある。しかし受験生が本当に知りたいのは自分が合格できる良い大学だ。

大学入試の合否は大学の難関度と学生個人の学力で決まる。予備校が大学の偏差値を公表しているし、自分の学力は全国模試でわかる。この二つを組み合わせればどこの大学に行けそうか予測するのは簡単だ。合否予測はこの本の守備範囲ではない。予備校模試や高校の受験指導に従って欲し

い。

　あなたは受験する大学を選ぶ前に、何を勉強したいか、地元か遠くの大学か、大規模総合大学か小規模大学か、大都市の大学か地方の大学か、国公立大か私大か、などを決めなければならない。こういう事柄は偏差値では決められない。

　その決定をするには、大学についての基礎知識を知る必要がある。大学の基礎知識を知らない学生や、勘違いをしている学生が多く入学してきて、私たち教員は本当に困っている。教育がうまくいかず、学生も苦労している。大学選びをする前にまず大学の基礎知識を知っておいてほしい。このことが大学選びの第一歩だ。

3. 大学は運命修正の大冒険

　大学生は二つのタイプにわけられる。その違いは運命の影響が大きい。これは大学の基礎知識の一つだ。あなたはどちらのタイプだろうか。

　第一のタイプは家族や親族に大学事情に詳しい人がいて、大学の基礎知識を持っている人だ。そういう人は大学選択、大学受験、入学後の勉強、学生生活をうまくこなせる。このタイプの学生には父や母、おじさんやおばさんが大卒だったり、年上のいとこや兄姉が大学生だったりする人が多い。身近に大学について知っている人がいるから情報収集も的確にでき、入学前にさまざまな知識を得ることができる。これは有利だ。

　第二のタイプの学生は身近に大学の事情に詳しい人がいない。家族の中で自分が初めて大学に入学する学生がこれにあたる。そういう学生は大学の基礎知識が乏しく、大学選択や入試に失敗したり、自分に不向きな大学や希望と異なる大学に進学したりする確率が高い。入学してからも大学生活のコツがわからないので勉強もうまくいかず、学生生活もつまらない。引きこもりになったり、部活やバイトに熱中し退学になったり、就活に失敗して内定なしで卒業する恐れがある。この知識不足は学生本人のせいではない。運が悪いのだ。親の学歴は子供の努力ではどうにもならない。

大学生として成功するかどうかは勉強や将来設計についての態度が作られる小中学校での体験が重要だ。クラスの中で大学進学や将来の魅力的な職業についての話題が出てこないような小中学校は大学進学に不利だ。しかし特別な事情がない限り、子供は自分で小中学校も先生も選べない。

　義務教育の小中学校の後、普通高校に進み、大学に進学しようとする人は、本人の学校での学力が重要視される進学コースに進むことになる。このコースでは家族が高等教育に詳しいことが子供に有利になる。しかし、18歳人口の約半数は、進学しないで就職したり、さまざまな専門学校に入学したり、スポーツ、芸能、職人の世界に入ったりして、学校の成績以外の能力や資質や努力で将来が決まるコースを選んでいる。その場合は学校に関する運は問題にならない。

　大学進学コースを選び大学生になった人の中で、不運な人は大学を活用できない恐れがある。大学の教員としては運の悪い学生は実に気の毒だと思う。しかし、運の悪い学生に言いたい。心配しなくていい。人生は運で100％決まるものではない。大学にはさまざまな可能性の芽が山ほどあるから逆転は可能だ。

　運の良い学生にも言いたい。油断してはならない。いくら運に恵まれていても大学入学までの運はそれほど強力ではない。今のままでも楽しい大学生活を過ごし、就活の内定もそこそこのところが簡単にとれるかもしれない。だが、有利な運をスタート台にして、さらに工夫すればもっと楽しい学生生活を送れる。有意義で、夢中になれる何かを獲得できる可能性が広がる。運命が与えてくれた安楽な生活を4年間、だらだらと生きるのはもったいない。

　どちらのタイプの学生にとっても、大学入学は運命によって仮決定されている路線を自分で修正するという大冒険のチャンスなのだ。進学するかどうか迷っているなら、進学してチャンスを試してみることを勧めたい。自分が大冒険に乗り出したことを自覚している人は、まず失敗しないからだ。

4. 学力不足でも大学の授業は大丈夫だ

　学力が低い人は大学の授業についていけるか心配する。中堅大学の学生の学力が難関大学の学生に比べて高くないのは事実だ。しかし、大丈夫だから、安心して大学に来てほしい。その理由は次のとおりだ。
　学生が入試に合格したら、その大学での教育に耐えられると大学が判断したことになる。実際には、分数の割り算ができない、アルファベットが最後まで書けない、第一次世界大戦が何年に終わったか知らない、「祇園精舎の鐘の声」で始まる平家物語が暗唱できないなど、低学力の学生はたくさんいる。しかし、大学がそのことについて学生に文句を言う筋合いはない。試験をして合格させたのだから大学に教育責任がある。
　大学の授業の試験であなたがひどい答案を書いたとする。熱心に教えたつもりの教員はあきれた顔をし、がっかりし、ため息をつき、「しっかり勉強しなさい」ぐらいは言うだろう。しかしあなたを叱りつけるとか、罰を与えるとか、居残りをさせて特別な指導をするなどということはしない。学生は学力が低いというだけの理由で留年したり退学になったりすることはない。大学は学生の学力にあった教育をする場所だから、低学力のあなたでもできる程度の課題を与え、それにパスできれば合格なのだ。

5. 難関大学でなくとも大学は行く価値がある

　「三流大学やFランク大学は入学してもしょうがない」、そういう話を聞いたことがあるだろう。そんなことはない。
　偏差値の高い大学と低い大学があるのは事実だ。大学のランクが違えば、同じ名前の科目でも授業の難しさが異なる。たとえば、ある難関大学のフランス文学の先生で、1年生のフランス語入門の授業を担当している人がいた。彼女は市内の中堅大学のフランス語入門の授業も非常勤講師として教えていた。難関大学の授業では半期で「大過去」（英語でいえば過

去完了形）まで終わる。中堅大学の授業では半期で「複合過去と半過去」（英語でいえば過去形と過去進行形）までしか進まない。難関大学の授業の方が進度が速く、試験も難しい。難関大学の授業の受講生からは将来フランス語を駆使して働く人が出てくるだろうが、中堅大学では一人か二人が簡単なフランス語会話ができる程度だろう。

　難関大学と中堅大学の違いがわかったろうか。世の中には高学力が必要な職業がある。高学力の学生に対して難しい教育を行い、高度な知識や技能をマスターさせなければならない医師、弁護士、研究者のような職業だ。他方、高学力ではないが、対人能力が優れている人、子供に好かれる人、高齢者と仲良くできる人、体力と忍耐力に優れていて注意力と判断力を駆使して複雑な機械を運転することが得意な人に向いた職業もある。

　つまり、人はいろいろな資質、つまり知識、技術、判断力、感性を持っており、その水準もさまざまだ。そして世の中にはいろいろな種類の資質を必要とするいろいろな種類の仕事が無数にある。大学の難易度ランキングは学力の序列にすぎない。学力は個人の資質の一つでしかない。

　日本では、たとえ偏差値Fランクの大学でも、その学生の学力に見あった教育を行い、卒業時には教養と品位を持った職業人として通用するように指導している。Aランクの大学合格者は、高い学力と難解な内容の学習に堪える忍耐力を持っているだろう。そういう学生はさらに高度で難しい教育を受け、高度な専門的知識が必要な仕事に適した人材となる。一般には難度の高い職業の報酬は高く待遇も良いから、難関大学の方が良い大学と考えられている。しかしどの仕事がその人の人生にとって良い仕事かは誰もわからない。

6. 主要科目は主要ではない

　普通、大学入試には主要科目の成績が良くなければならない。主要科目が苦手で大学進学を断念する人もいるだろう。しかし、主要科目が苦手でも心配ない。

主要科目とは重要で誰もが学ばなければならない科目で、その成績次第で進学校が決まる科目のことだ。しかし主要科目をこれまでどおりしっかり勉強するつもりで大学に入学した学生はびっくりするだろう。高校までの主要科目は大学では主要でも、必修でもないからだ。

　大学では「地理」「世界史」「日本史」「英文解釈」「英文法」「現代国語」「数学Ⅱ」「化学」「生物」などは影も形もない。英数国は高校生の学力の要(かなめ)で、生徒に対する教員の影響力も大きい。ところが、大学で学生に人気があったり、研究業績で評判になったりしている教員は英語、数学、国語系の科目担当者ではない。高校までの勉強と大学の勉強はまったく質が異なる。

　大学では学部や学科ごとに必修科目や選択科目がある。そのリストは高校までの必修科目リストから見ればとても片寄ったものだ。食事にたとえれば、小中高校が提供するのはバランスのとれた給食か、いろいろな料理がそろった定食のようなもので、身体づくり、体力づくりのためのメニューになっている。

　給食メニュー型の小中高校の教育に比べれば、大学教育は極端な偏食に見える。大学では4年間で専門分野の知識と技術を学ばなければならないから、偏食メニューにしないと間に合わないのだ。大学で扱う知識は膨大で全部学ぶのは無理だし、種類もさまざまでどれが重要かは誰にも決められない。だから小中高校の意味での主要科目がない。

　大学生は子供ではない。いやなことはしなくてよい。これが大学の基本だ。苦手な科目が必修になっている学部や学科に行かなければ、それは勉強しなくてよい。だから我慢して必要最低限の基礎的な勉強をして、何とかして入試を突破し、希望する学部に入学しよう。

7. 大学教育の効用

　大学教育はどんなことに役立つのだろうか。専門分野の知識や技術を学ぶ、これはあたり前のことだ。それができたからといって大学を活用したことにはならない。大学を活用できた学生は好ましい資質を身につけた大人になれる。これが大学の効用だ。

　私は次のような学生の姿を見ている。学年が上がるにつれて、まるで子供だった学生が、いつしかマナーを身につけ、常識をわきまえ、丁寧な口調で話すようになる。課題を期日通りに提出し、最初は小学生の作文にも劣っていたレポートを、どこに出しても通用する水準のものに仕上げることができるようになる。

　この進化が教育の成果なのか、学生自身の努力のたまものなのか、学生が大人になっただけなのか、私にはわからない。しかし、学生たちの変身後の姿には大学で学んだ形跡が見て取れる。その言葉づかい、物事の合理的な考え方、社会のルールに対する判断は、私たち教員が正しいと考える言葉づかいや思考方法や社会規範についての判断に似通っている。学生たちが卒業近くなって、ようやく使えるようになった論理的な考え方は、4年間かけて私たちが苦労して教えようとしてきた考え方にほかならない。

　このような学生たちは大学を活用することに成功したといえるだろう。これから大学生になる予定のあなたも、すでに入学しているあなたも、教員のいうことを聞く、聞かないは自由だが、大学を十分に活用し、卒業時には立派な社会人になってほしい。

8. どの大学を選ぶか

　良くない大学、つまり入学すると損をする大学はあるのだろうか。日本では誰にとっても悪い大学、絶対に良くない大学というものはない。評判がよくても自分にとってミスマッチの大学はあるから注意しよう。

（1） 偏差値だけで大学を決めない

　偏差値だけで選んだ大学にそのまま行くことは避けよう。その大学がどんな大学か、大学で何をしたいか、どんな待遇が期待できるかを調べず、点数だけで大学を決めるのはリスクが大きい。自分の学力で入れる大学をよく調べ、自分の特質や条件を十分理解した上で絞り込もう。

（2） トラブルが多い大学

　トラブルが多い大学は敬遠しよう。トラブルは新聞、ラジオ、テレビ、週刊誌で報道される。予備校の相談室、高校の受験指導、あるいは友人知人、親きょうだいのうわさでも知ることができる。うわさは真実でないかもしれないが、耳を傾け、常識的に考えて、その真偽を考えてみよう。風評（事実かどうかにかかわらず世間でうわさされていることがら）のこともあるが、「火のないところに煙はたたない」のことわざもある。自分の人生を4年間預けるのだから真剣に選び、怪しい大学はどんどん削っていこう。

　本当にトラブルがある場合、大学は裁判や訴訟やマスコミの批判の対応に力をとられ、本来の研究・教育の質が落ちてしまう。ただし、問題が特定の学部や学科のみの場合がある。また、学部の教授会の独立性が強い大学では、仮に学長が新聞沙汰になるような問題を起こしていても、学部の教育の質はしっかり守られているということがよくある。

（3） 定員割れ

　定員割れを起こしている大学や学科は、特別な理由がない場合、敬遠しよう。その大学の教育方針が時代に合っていない可能性がある。ただし改革が進行中で教育の質や就職率の改善が見込める場合は選択肢に入れてよいだろう。大学改革は効果が出るまで時間がかかるが、経営がまずいかどうかは1、2年程度で見えてくる。3年経っても定員割れが解消される兆しがない大学は、リストから外したほうがよい。

（4） 資　　格

　資格がとれるという理由だけで大学を選ぶのはやめよう。資格にはいろいろあるが、就活にも就職後の仕事にも直接的に役立たない資格も多い。大学に行っただけで、誰でも簡単にとれる資格に価値がないのは常識的に考えればわかるだろう。

　教員免許は大学でとれる資格の代表だ。都道府県の教員採用試験の大学ごとの合格率には大きな差がある。常識的に考えれば、本当に学校教員になりたいなら教員採用試験の合格率の高い大学に行くべきだ。

　以前は、小学校教員は国立の教育大学が独占的かつ計画的に養成していた。だからそういう大学に合格すれば、教職につくことは、ほぼ約束されていた。だが、今はそうではない。国公立、私立大学の区別なく平等な条件で競争している。教員になりたいが学力が低いため高偏差値の大学をあきらめ、教員免許がとれる偏差値の低い大学を目指す受験生が少なくない。これは教員免許さえ持っていれば、就職はなんとかなった時代の名残だ。今は免許の効力は10年間しかないし、それよりも、教員免許所有者の数が多すぎて、教員になるのはかなり難しくなっている。大学進学率の上昇に伴い、以前であれば大学進学ができなかった低学力の学生でも教員免許をとれるようになったのだ。

　大学がきちんとした教育体制を持っていれば、低学力の人でも在学中、学力を伸ばし、将来、素晴らしい先生になる可能性はある。しかし、常識的に考えれば、そういう大学なら受験生が増え、偏差値は上がるだろうから、学力が高くない人は教員免許がとれるという理由だけで大学を選ぶのはやめたほうがいい。

　医学、歯学、薬学、獣医学系の資格は就職に直結している。その方面を目指す人は迷いなくその資格がとれる学部を目指すべきだ。

　博物館学芸員、社会教育主事、図書館司書、学校図書館司書などの資格は持っていても就職は難しい。大学が受験生を引きつけるために資格を出しすぎているのだ。例をあげよう。学芸員は美術品（例えば油絵や浮世絵）や考古学の発掘品（恐竜の化石や縄文土偶）を扱う仕事で、そういう

ことが好きな人には是非とも就きたい仕事だ。そういう人はたくさんいる。全国的に就職口は数が少なく競争倍率はとても高い。応募条件が「英語が堪能で、フランス語かイタリア語が読めること」という求人もある。一般の中堅大学の卒業生にはハードルが高すぎて就職するのは無理だろう。

　中堅大学の学生にとっては英語と情報関係の資格は役に立つ。この二つは持っていれば就職できるというものではないが、英語とITの実力の証明になり、私たちの経験では、企業だけでなく県庁、市役所、役場、警察、消防、自衛官などでも歓迎されている。

(5) 就職情報

　大学によっては不利な情報を伏せている場合がある。たとえば、就職内定率は内定者数を卒業生数で割った比率だと思うだろうが、そうでない場合が多い。教員や公務員希望者を除外している場合がある。また、分母を卒業生ではなく就職希望者数とし、内定がどうしてもとれなくて卒業前に就職活動（以下、就活）をあきらめた学生をカウントしていない場合がある。

　学生を就職させられない大学に行くのはやめよう。日本では就活の失敗を学生個人の責任、努力不足、学力不足、大学ランキングなどのせいと考える傾向が強い。しかし現実には就職内定率は大学の教育指導力に大きく左右される。米国では就職が奮わない大学は廃校、他大学と合併、定員縮小、学長や理事長の解雇などが着実に行われる。問題のある大学に入学する学生はどんどん減っていく。日本には学生の就職は学生の責任と考え、低就職率でも口では「困ったことだ」といいながら、効果的な手を打たない大学はないわけではない。

9. 将来の夢は何か

　大学選択で一番大きな問題は「将来の夢」、つまり将来設計だ。あなたは将来について何もわからないかもしれない。そういう人は大学進学の資格がないのだろうか。

　はっきりした夢を持てなくても落ち込む必要はない。大学に入学して4年後の卒業の時に社会がどうなっているか、さらにそれから5年も10年も先の将来のことなど誰にもわからない。現時点で自分がどうするかを、自分ができる範囲でまじめに考えればよいのだ。

　夢には2種類ある。「眠ってみる夢」と「起きてみる夢」だ。今、将来の夢を持っていても、それに実現可能性がなければ眠ってみる夢と同じで、具体的な将来設計には役立たない。

　夢を追いかけ、あきらめず、それを実現した人の話はたくさん聞いているだろう。若者が将来したいことについて大きな夢を持つことはあたり前のことではない。そんな夢など持っていない人は多い。若者についての神話といっていい。それは世間的な思い込み、そうあってほしいという老人の願いなのだ。実際には素晴らしい夢を持っていない、持てない、持とうとしない若者はたくさんいる。だから今の時点で「若者らしい夢」を持っていなくても、大学進学の資格は十分ある。大学は実現可能な自分の夢、起きてみる夢を見つけ出す場所だからだ。

　実現可能な夢を持つには適切な夢を持たなければならない。実際に中堅大学の学生たちが思い描いている将来の夢に、若者神話で語られるようなすごい夢はめったにない。将来の生活についてのささやかな希望や予測や願望が大半だ。

　ある女子学生は「結婚して、子供が2人いて、一軒家に住んで、犬を飼って、専業主婦になりたい」と言っていた。男子学生は女子に比べ夢や将来展望には無関心の傾向がある。最近では「結婚して子供が欲しい」という男子学生が出てきた。男子もささやかな幸せにあこがれる時代になっ

たらしい。男女とも、「地元の公務員になって普通に暮らしたい」「出身市町村でなくとも同じ地域（県内、あるいは北海道や東北といったブロック）で安定した職に就きたい」という希望を述べる学生は多い。中堅大学のほとんどの学生の最初の希望はこのようなものだ。これでも、とりあえずは自分の将来を自分が設計できるものとして考えたので大学生としては十分だ。

10. 職業は考えているか

　学生にとっては職業選択が重要だ。大学入学の時点で、将来の具体的な職業を決めている学生は大変少ない。私の勤務大学では特定の職業を目指して入学してくる学生は多くない。以前は教員を狙う学生が多かった。最近は競争が激しくなったのと、待遇と仕事内容のバランスから見て、教員が他の職業と比べて格段に有利な職業とは言えなくなったため、一般企業や公務員（事務職員や警察官、消防署員、自衛隊員など）を目標とするようになった。

　職業選びでは適性が重要だ。それは公務員も一般企業も同じだが、公務員の適性の範囲はかなり狭い。自分は公務員向きと自己診断する学生よりも、向いていないと考える学生がずっと多い。将来設計には正確な自己理解が必要だ。それは高校生、大学新入生ではなかなか難しい。ではどうすればよいのか。

　就きたい職業があるなら、受験の前でも入学してからでもいいからその可能性、適性を確認しよう。職業によっては特別の資格、免許、知識、技能が必要だ。入試の時に目的にあった大学や学部や学科を選ぶ。入学後なら、学部や学科や専攻の振り分けがあるならその時点で進路を選べばよい。

　将来の職業について何もわからないなら、職業以外の視点で大学を選び、入学後に時間をかけて職業選びをすればよい。例えば、一人暮らしをしたい、北国で暮らしてみたい、海の近くに住みたい、ライブコンサートに行

きやすいところ、自然環境が豊なところ、大都会を体験したいなどだ。自分の学力、大学の偏差値、出せるお金を組み合わせ、とりあえずは自分で大学を選ぼう。

　日本の大学の教育水準は決して低くない。大学の基礎知識を知っていれば、どの大学でも4年間で得るものは大きいはずだ。

（宇田川拓雄）

コラム1 読みやすい文字は成功の鍵

■手書き文字が読みにくい

　私たち大学教員が困っていることがある。それは「手書き文字」だ。最近は学生もパソコンを使ってレポートや小論文を作成し、プリンタで印刷したり電子データとして提出することが多くなった。しかし授業内の小テスト、提出書類への記入、試験の答案などは手書きだ。その手書き文字がとても読みにくいのだ。

■読めない文字は不利になる

　読みにくい文字は就活や職業にも差し支える。学生たちは試験の採点者や就活の採用担当者が、答案や応募書類を丁寧に読み、内容を正確にくみ取って評価してくれると思い込んでいるようだが、それは間違いだ。

　読みにくい文字はそれだけでマイナス評価となる。例えば、就活で1,000人の応募者から最終的に10人を採用する場合を考えてみよう。応募者が多いから一次の筆記試験の受験生から二次の面接試験のため100人を選ぶ。採用担当者が答案を一目見て、読みにくい場合、内容にかかわらず、その学生を不合格とし、読みやすい答案だけを採点し、高得点の100人を選んで面接し、最終的に10人を採用したとする。それでも優秀な人材を採用しそこねることはないだろう。字が読みにくい学生はそれだけで職業人としての資質に欠けるからだ。

　大学で、教員は読めない字に苦労している。読み取る努力はしているが、読めない字は読めない。本人を呼び出して聞くわけにもいかないので減点する。入試でも大学の定期試験でも就活の採用試験でも受験生の間の学力の差は小さい。文字を丁寧に書くというちょっとした努力を怠って、不合格になるのは損だ。

■成功の鍵

　色が薄い文字や、小さい文字、雑な文字は自信がないことの現れに見える。文字の画、はね、とめが丁寧にしっかりと書いてある文字のレポートは読む人に好感を与える。

　文字は書けばよい、レポートは提出すればよいのではない。相手に気持ちよく読んでもらえなければ、文字は書かなかったのと、レポートは出さなかったのと同じだ。

　現代社会では人生の重要な事柄はほとんど文字、つまり書類で決まる。今はデジタル時代と言われるが、重要な書類や答案はアナログ、つまり手書きだ。結婚して子供ができた場合、読みにくい文字しか書けない親では恥ずかしい。書道の達人になれと言っているのではない。相手にちゃんと読んでもらいたいという気持ちを込めて丁寧な文字を書けばいい。それができれば人生の成功の鍵を手に入れたことになる。

（宇田川拓雄）

第2章

大学生活のコツ

1. はじめに

　第2章では学生生活を楽しく過ごすためのコツについて情報提供する。大学進学の第一の目的は大学教育を受けることだが、学生時代は自力で生活する練習期間でもある。どうせ生活するなら楽しく暮らしたいだろう。
　学生たちと雑談をすることがある。どんな暮らしか、困りごと、楽しみ、失敗などが話題になる。全体的な印象として生活の仕方が下手だと思う。失敗や損や勘違いが多い。これは若いから仕方がないと思う。「楽しくない」「つらいことばかり」「一刻も早くこんな生活はやめたい」などと言う学生はいない。「そこそこ楽しい」「特にいやなことはない」「楽しくないわけではない」といったレベルの人が多い。学生たちの話を聞きながら、もう少し工夫すれば大学生活はもっと楽しくなるのに、と思うことがある。そこでささやかなアドバイスをしようと考えた。

2. 大学では人間関係のネットワークを作る

(1) ネットワークとは何か

　大学では人間関係の「ネットワーク」を自分で作る必要がある。ネットワーク作りは大学生活の基礎だ。このことを知らないため、つまらない4年間を送ったり、退学したりする学生がいる。これはまずい。
　ネットワークとは「ネット（網）の形のもの」という意味だ。ここでは

人間関係が多数の人を接点にしてつながりあって網のような形になっている様子を指す。四角い餅焼き網や漁網よりも、自分を中心に放射状に拡がっているクモの巣型の網が人間関係のネットワークのイメージに近い。大学生にとっては自分と他の学生や教員などとのネットワーク型の人間関係がとても重要だ。

　学生が自分でネットワークを作らねばならない理由は、もう子供ではないからだ。子供はすでにでき上がっている家族という人間関係の中に生まれてくる。そして父母、きょうだい、祖父母、おじ・おば、いとこなどの親族のネットワークの中で大きくなる。さらに近所の幼なじみ、幼稚園・小中高校の同級生や担任の先生といった親族以外の人たちとのネットワークの中でさまざまな経験をし、生活する。子供にとって人間関係のネットワークは既存のものか、成長にしたがって自然に作られるものだ。

　大学の人間関係はあなたのこれまでの人間関係とは切り離されている。地元を離れて遠くの大学に入学した人はそのことを痛感するだろう。友人と同じ大学に入学する人もいるだろうが、その場合でも大学で、その友人だけとしか付き合わない学生はいない。自宅通学の学生でも状況は同じだ。家族や近所の幼なじみや高校時代の友達とのネットワークは維持されるだろうが、それが大学生活で活用されることはない。大学はまったく別の世界だからだ。

（2）ネットワークの働き

　大学で4年間楽しく過ごすには大学内の親しい人間関係のネットワークが必要だ。大学の授業は暗黙的に、あなたが親しい友人を持っていることを前提として成り立っている。そのネットワークがなければ、授業に出て試験に合格するのに余計な苦労をしなければならない。このことは受験雑誌にも大学の学則にも書いてないし、入学式のオリエンテーションでも教えてもらえない。

　授業前にちょっとおしゃべりする、一緒にランチする、昨日のテレビドラマの感想を言いあう、親とけんかした話を聞いてもらう、このようなプ

ライベートな話をする相手がいないとつまらないし淋しい。そう感じる人は多い。親しい友人は楽しい大学生活に不可欠だ。

　バイトの都合やなまけ心で欠席した授業で、教員が機嫌が良かったか悪かったか、来週までの課題が出たかどうかを聞く相手は必要だ。期末試験の予想を立てる、過去問を探す、課題レポートが出ても何をどうすればよいのかわからない、このような場合、誰かに相談せず自力で対応するのが難しいことはよくある。

　大学教員は暇な人もいるが普通はとても忙しい。平均的には勤務時間のうち授業や学生指導に使う時間は30％から40％程度で、あとは他の仕事をしている。たとえば実験、論文執筆、出張、会議、連絡、学生指導、接客などだ。大学によっては教員が学生の質問や相談のための時間（オフィスアワー）を設けているところがある。しかし、その時間に研究室に行っても教員があなたが欠席した授業内容を説明したり、課題を丁寧に説明してくれることはあり得ない。欠席した授業の中身は煙のように消えてしまうのだ。

　大学4年間、無欠席の学生はいないわけではないが、普通は無理だ。風邪を引いたりおなかをこわしたり、うっかり寝坊することもある。病気で寝込んだ時に心配して電話をくれる友人がいるとありがたい。欠席したときの宿題を教えてくれる人がいないと、落第するかもしれない。

　学生：「前回、欠席して、課題が出たのを知りませんでした、だから提出できません」
　教員：「はい、そうですか」
　これで済むほど大学は甘くない。
　教員：「今度から休まないようにしましょう」
　という注意だけの可能性はある。しかし、課題を提出していないから、教員としては欠席も含めて学生がその分、学習不足と考え、評価を下げるという対応をとる。

　このような状態を防ぐには友達に助けてもらうしかない。逆に、友達が困っていたら助けてあげる。大学では人間関係はすべて自分で作らなけれ

ばならない。ネットワーク作りについては大学も教員も職員も、何もしてくれない。部活も自分で選んで入る。旅行、コンパ、カラオケ、コンサート、ボランティア活動もすべて自分からアクションを起こし、やるかどうかも自分で決める。そして新しい人間関係を作り上げていく。

このような活動を何もせず大学で4年間を過ごす場合は、家族、親族、高校までの友人といった人たちとのネットワークしか持たないことになる。あなたはその人たちとは大学生としての生活経験を共有しない。だから時間が経つほどに知識も経験も考え方も、あなたと古いネットワークの人たちとの違いが大きくなることは避けられない。昔からのネットワークはあなたの今の大学生活で役立たない。だから、たとえ付き合いの密度が薄くとも、日常的に仲良く大学生活を共に過ごせる仲間とのネットワークはぜひ必要なのだ。

私たちの日常生活は人間関係があって成り立っている。普通は、このような人間的なつきあいを心地よく感じ、つきあいがないと気分が落ち込む。高校までは相手を自由には選べないかわりに、ほぼ、自動的にネットワークに加わることができた。大学では人間関係のネットワークは自分で積極的に作るものであって、相手もそのことは承知している。相手も良い人間関係を求めている。良い友人を得るにはあなたも良い人にならねばならない。

自分で新しくネットワークを作らなければ大学生活を十分に楽しむことはできない。それは難しい仕事ではない。たまたま隣に座った同じ学科の1年生に自己紹介から始めて、人付き合いを開始する。どんな人だろう、自分の言うことが受け入れてもらえるだろうか、話を続けていて嫌な気分にならないだろうか。そういう、胸がドキドキするような体験に毎年たくさんの新入生が挑戦し、たいていの場合、成功し、自前のネットワークを作っている。私たち教員はあなたたちが自分で安定的なネットワークを作り、その中心に座って楽しい大学生活を過ごすことを願っている。

3. 地元の大学について

　地元の大学に進学するか、遠方の大学にするか悩む人は多い。家を離れて暮らす人もいれば実家から通う人もいる。自分が学びたい大学が地元にあればそこで良いし、学びたいことが遠くの大学でしか学べないならそこに行くしかない。地元を離れたくないという気持ちを第一に考える人もいれば、親からの独立を優先する人もいる。経済的理由から地元の大学にしか行けない人もいる。地元の大学に行けばよかったと後悔している人もいれば、地元を離れれば良かったと後悔している人もいる。

　大学の場所はどこでもよい。重要なのは大学生らしい生活をすることだ。大学生になったからには機会を見つけて旅行をしたり、短期間でも別の土地で暮らす経験をしたほうがいい。地元派は地元が大好きで、そこを一生離れたくないと考えている人が多い。ここで考えてほしい。地元の環境は町並みや自然と、家族、親族、友人、知人などの人間関係からできている。このような地元環境は時間とともに急速に変化する。特に人間関係は相手の人の進学、就職、結婚、あるいは死によって消滅する可能性がある。慣れ親しんでいる地元は永遠に続くものではない。地元に埋没するのは大学生らしくない。地元がどれほど良い町なのか、他の町はどんな所なのかを知るために旅行することを勧めたい。

　このことは、地元を離れて遠方の大学に来た学生にも当てはまる。大学にしがみついていてはいけない。旅は大学生の特権だ。国内でも国外でも、一人だろうと友人と一緒だろうと、旅行することはとても楽しい。お金もないし旅行などしたくないという学生は多いが、なんとかお金を工面して、だまされたと思って旅行に出ることを勧める。いつもとは違う自分を発見するだろう。旅行をしないで大学生活を終わらせるのは本当にもったいない。

4. 一人暮らしは大変だ

　大学入学を機会に一人暮らしを始める学生は多い。一人暮らしは楽しい。部屋のインテリアから今晩のメニューまで、何でも自分の好きなようにすることができる。苦労しなければならないことも多いが、子供ではないのだから、一人暮らしの苦労は楽にこなせるようになろう。衣食住と健康管理が学生にとっての最大の試練だ。本気で対策を練ろう。これに失敗すると痛手は大きい。

（1）住　　居
　衣食住のうち、住居が一番重要だ。これは大学選びと関係する。
　1970年代から90年代にかけて大都市圏の大学は郊外にキャンパスをつくった。郊外でも大学周辺に都市が形成されていれば、便利で文化的な学生生活を楽しめる。しかし今でも住居がまばらで交通がとても不便な大学がある。通学に1時間以上かかったり、近くに学生が飲食や娯楽やスポーツを楽しめる環境のない大学は要注意だ。
　入試難易度が同程度だったら生活環境の良い大学を第一候補に考えよう。国内外の評判の良い大学は学生が気持ちよく学べるように気候も景観も良く食べ物もおいしい場所にあるか、あるいはお金をかけて環境を整えている。20歳前後の、人生で一番楽しい時期を暮らすのだから、できるだけ環境の良い大学を選ぼう。常識的に考えて、環境が整備されていない大学には、よほど特別な理由がない限り、優秀な研究者や良い教員がいるはずがない。環境の悪い大学は極力避けよう。
　もしも環境の悪い大学に入学してしまったらどうするか。退学して別の大学に入る、他の大学に編入学する、外国に留学するといった方法もあるが、それができる人はめったにいない。運命とあきらめて、今の環境の中でできるだけ良い生活ができるように努力しよう。
　大学に合格すると、大学がある程度は住居の斡旋をしてくれる。自分で

大学近くの不動産会社で探してもいい。便利さ、快適さ、安全、自然環境、家賃、間取りなどを考え、できるだけ良い住居を選ぼう。

　住居で重要なのは掃除だ。部屋がゴミ屋敷にならないように気をつけよう。もうほとんど大人だから、部屋に親や友人が来ても恥ずかしくないように整理整頓を心がけよう。汚れた部屋だと病気にもなりやすいし、何より気持ちが荒れてくる。

（2）食　　事
　次に食事だ。3食きちんと食べよう。学生がタバコをふかし、酒を飲み、徹夜で麻雀し不摂生な生活をするというのは過去のイメージだ。学生も健康に注意するのが正しい。昼食や夕食を学生食堂でとることが多くなるだろう。学生食堂の質を本気で良くしようと努力している大学もあれば、食堂経営者に任せきりの大学もある。はたして4年間、そこの食事で満足できるかどうか、事前に確かめよう。学生食堂の質が劣悪な大学に入学してしまってもがっかりせずに自分で弁当を作ったり、学外でおいしい食堂を見つけたりして工夫し、何とかして楽しい食生活を送ろう。コラム7にあるように、余裕を見つけて楽しい自炊生活を送ろう。

　また、衛生には特に気をつけ、手洗い、うがい、キッチンの整頓に心がけよう。「小学生じゃあるまいし」と思うかもしれないが、日本の小学校の生活指導は世界有数の優れたものなのだ。小学校時代の体験を思い出して実行し、病気や生活習慣病とは無縁の生活をしよう。

（3）服　　装
　服装はこざっぱりした、見苦しくない身なりをしよう。衣服の洗濯もちゃんとしよう。

　大学進学率が低く、将来、エリートになることが約束されていた時代の大学生は「バンカラ」と言ってまるで乞食のような身なりを自慢した。特権意識の現れだ。しかし今のあなたたちは昔のエリートとはまったく違う。

　中堅大学の学生は、将来、両親と同じく普通の勤勉なミドルクラスの

ワーカーになる可能性が高い。それなら、学生時代から服装も態度もきちんとするのが良い。大学の雰囲気にもよるが、派手でぜいたくな身なりも、みすぼらしい薄汚れた身なりも良くない。

バンカラとは違う理由でだらしない部屋着のような服で大学に来る学生がいる。彼ら・彼女らは外と内の区別がついていない。幼い時から狭い身近な社会の中だけで暮らしてきたため、見知らぬ人の中で生きていくことに慣れていない。他人に自分がどのように見えるかを心配する習慣がないのだ。

朝、アパートの自分の部屋を出た時から社会生活が始まる。社会では他人に礼儀正しく接しなければならない。挨拶や化粧や服装をきちんとし、丁寧な言葉づかいをする。いろいろな形で接する他人にはそれぞれ適切な敬意を示さなければならない。正しい敬語が使えず、教員にため口で話す学生もいる。異性であれ同性であれ、初対面の学生にどう話しかけてよいかわからず、黙ったままの学生もいる。実家の居間で家族に接するのと同じような態度で他者と接する学生もいるが、彼ら・彼女らは子供だ。子供に大学教育は無理だ。子供には楽しい大学生活も送れない。就活に成功するはずもない。大学生になったら自分はもう子供ではないことを理解し、服装も言葉づかいも大人になろう。

5. お金について

中堅大学の学生にとってお金はとても重要だ。中堅大学の学生は奨学金を借りていることが多い。最も一般的な奨学金は学生支援機構の奨学金だ。奨学金は英語でscholarship（スカラシップ）といい、給付金、つまり返さなくていい。しかし、学生支援機構の奨学金はローン、つまり借金で、正確に言えばにscholarshipではない。

家の事情で奨学金に頼らざるを得ない人は多い。学生支援機構の奨学金には利息なしと利息ありとがあって、利息ありでも返済期間は長く、利率も低い。返すのは大変だが、他に方法がなければ借りるしかないから、そこは割り切ろう。

借りられるかどうかは学生支援機構のホームページで保護者の収入の目安でわかる。実際に借りている学生数は大学によって差がある。私の勤務校の場合、無利息が3割程度、利息ありが4割程度で、全部で7割程度の学生が借りている。利息なしと利息ありの両方とも借りることもできるが、そういう人は少ない。学生支援機構以外にも自治体や財団のローン型奨学金や、給付型の奨学金もあるので探してみよう。

合格後は授業料、教材費、実習費、生活費がかかる。お小遣いも含めて全額を親に出してもらえる学生もいるが、中堅大学の多くの学生の家族は裕福ではないから、仕送りだけで学生生活を送れる学生は少なく、多くは奨学金とアルバイト代で何とかやりくりしている。

生活と勉強の他に、部活動（サークル）や友達付き合いにもお金がかかるし、休暇には旅行もしたいだろう。上手にお金を稼ぎ、使うように努力しなければ、アルバイトのしすぎで体を壊したり、奨学金を借りすぎたりで、将来、返済に苦労する。留年はお金の面でもダメージが大きいので、4年間で卒業し、就職できるように計画をたてなければならない。

私たちの学生指導の経験から、アルバイトの時間と部活動の時間の合計が週20時間を超えると勉強や健康に差し支えることが多い。大学に入ったら思いっきりサークル活動を楽しみたい、アルバイトで自分でお金を稼いで好きに使いたいと思っている受験生は多い。くれぐれもお金と時間と体力の配分には気をつけよう。

6. 危険を避けること

日本は世界的に安全な国だが、大学生が特に安全ということはない。学生は世間知らずで未経験で、身近に頼れたりかばってくれる人間関係のネットワークを持っていないことが多いから、被害を受けやすい。

私の担当学生、1年生から4年生までの80人の中で、1年間に3、4人は交通事故、空き巣、痴漢、ストーカーの被害にあっている。幸い、大事には至っていないが、できるだけ安全な住居に住み、しっかり鍵をかけ、

自動車や自転車に気をつけるようにしよう。また詐欺や怪しげな宗教団体や政治団体もあなたをねらっているから気をつけよう。

　学生は恋愛適齢期にある。異性との付き合いでは相手を勘違いさせないように気をつけなければならない。気に入った相手に巡り合ったと思っても、断られたらあきらめよう。信頼できる人に相談するのもよい。とは言っても、相手の人のことを本当に好きか嫌いかは自分もわからないことがある。ストーカー騒ぎを起こした二人が、卒業後結婚した、という話もあるし、相手を傷つけてしまった例もある。あなたがそんなことになる確率はごく少ないが、危険はいつでも、どこにでもある。万が一、心配なことが発生したら職員や教員に相談しよう。必ずしもあなたが満足できるような対応をしてくれるとは限らないが、駄目でもともと、という気分で話をしてみよう。

　病気は誰でも普通にかかる。高熱でアパートで動けなくなって一人で寝ていて食べ物も飲み物もない状態になった学生は毎年のようにいる。人間関係のネットワークを活用し、明日は我が身なので、お互いに助けあおう。

　父母とは普段から連絡をとっておくことも重要だ。子供が大学生になると親も中高年だし、祖父母は高齢者だ。在学中に家族が亡くなることは珍しくない。親が失業したり重病や怪我で働けなくなったり、離婚したりすることもある。兄弟姉妹の結婚のようなめでたいことも起こるが不幸なことも起こる。大学生はほとんど大人だから、人生の試練に耐える覚悟を持っていなければならない。

　大学生にとって最も大きな危険は勉強への意欲を失うことだ。自分の好きな分野に進学すれば不得意な科目の勉強をさせられる可能性は低い。中堅大学では学生の学力に合わせた授業を行っている。大学の授業科目の試験で合格するのは難しいことではない。私たちは基本的には誰でも合格できる程度の試験しかしていない。極端なたとえで言えば、文系の科目の中にはまじめに授業に出て、教員の指示に従って勉強していれば中学生でも単位がとれる程度のものがあるほどだ。

それにもかかわらず、欠席がちで成績が低迷し、最後には退学してしまう学生は、私の担当学生の中でも数年に一人は必ず出てくる。その理由は基礎学力が乏しいためでもなければ授業が難しすぎるためでもない。共通するのは意欲喪失だ。

　保護者のおかげで大学に進学でき、若く健康で、大学が要求する基礎学力もあり、自分のやりたい道を自由に選べるのに、なぜ学生生活に失敗するのだろうか。何もかも与えられ、自分の意思で自分を律する必要のない生活に慣れきっているからだ。

　あなたは大学在学中に、何のために大学に進学したのか、どのように友人と付き合うか、授業に出ることはどんな意味があるのか、自分の将来はどうなるのか、といった大学生であることの根幹にかかわる疑問を感じることがあるだろう。それに対して、あなたは自分で何らかの回答を見つけ、毎日の生活に価値と意義を見いださなければならない。このことは絶対にしなければならないのだ。

　答えを見つけるまでの迷いと努力が本物の大学生を作る。それができなければ大学生活は意味のない、いやな夢のようなむなしいものになってしまう。そして欠席が増え、学業がおろそかになり、アルバイトや部活やテレビゲームに熱中し、最終的には退学する。このような疑問を感じない学生は、疑問を感じないまま脱落していく。

　学生は、お金、部活動、アルバイト、授業、友人、家族などに関係する問題のせいで学生生活に失敗するのではない。自分の内面的な未熟さのために自己崩壊し自滅してしまうのだ。親の急死などが引き金となって生活が崩れてしまうこともあるが、本物の大学生ならば、そのような不幸に耐え、生活を立て直すことができなければならない。

　私たちは学生の動向に常に注意を払い、必要に応じて援助しているが、それにも限界がある。困った事態に際して家族や友人や知人だけでなく、大学、警察、救急、市役所などの公的な機関の助けを借りることも含め、自力で対応できるようなスキルを身につけてほしい。

（宇田川拓雄）

> コラム2　筆記用具 ── シャープペンの選び方

■ 0.5 ミリ・HB 芯のシャープペンは読みにくい

　最近の学生の手書き文字は読みにくい（コラム1）が、それは筆記用具にも原因がある。今の学生は普通、シャープペンに 0.5 ミリの HB の芯を入れ、弱い筆圧で、紙の上を滑らすように文字を書く。その文字はとても読みづらい。

　大学では昔は「つけペン」や万年筆が使われ、文字は読みやすかった。それが文房具会社が高機能なシャープペンや折れにくい芯を開発し、大々的に売り出すようになってから、子供だけでなく大学生もシャープペンを使うようになった。

　中学生がよく使う 26 穴横罫のルーズリーフの細罫（高さ 5 ミリ）に漢字を手書きで書くには 0.5 ミリのシャープペンがちょうどいい。しかし 0.5 ミリ芯では力を入れると折れてしまう。太い芯で強く書くと画数の多い漢字は文字がつぶれてしまう。硬めの芯で弱い筆圧で書くようになるのは当然だ。その文字は小さく、色が薄くて読みづらい。日本以外の国ではシャープペンはあまり使われていない。使うとしてもアルファベット圏では 0.5 ミリではなく 0.7 ミリ芯のシャープペンが普通だ。

■ みんなと同じだからといって良いとは限らない

　シャープペンは鉛筆の芯だけとり出したものだ。鉛筆は消しゴムで簡単に消せるから、もともとは子供の文字の練習や個人的なノート、下書きに使われていた。重要な書類に清書するには不適切だ。大学入試センターのマークシートでは必ず HB か H の鉛筆を使うように指定されているが、それは読み取り機械の都合にすぎない。硬い芯が正式というわけではない。書きにくく読みにくい H や HB の芯を使って手書き文字を書くのは間違いだ。

　どうしてもシャープペンを使いたければ、0.7 ミリや 0.9 ミリのシャープペンに B や 2B の芯を入れて使うのがよい。色も黒く、柔らかい芯なので手も疲れない。勉強の効率も上がる。みんなが使っているペンを自分も使うのではなく、自分が書きやすく、相手も読みやすい文字が書けるペンを自分で探そう。文字はコミュニケーションの大切な手段だから、読み手に配慮しなければならない。例えば、自分のおじいさん、おばあさんが無理なく読めるような文字が書けるシャープペンを選ぼう。

（宇田川拓雄）

第3章

大学デビュー
── 「社会人」になるためのスタート

1. 高校デビューから大学デビューへ

（1）社会人とは

　大学生や、これから大学生になろうとしている高校生であっても、大学卒業後に「社会人」になるための準備をする必要がある。学校を出て実社会で働くことを一般的には「社会人になる」という。『デジタル大辞泉』によれば、社会人とは「1　実社会で働いている人。学生・生徒などに対していう」。また「2　社会の構成員としての個人」とある。1の意味では、大学卒業後就職をすることが「社会人になる」ことになる。

　社会には働いている人ばかりでなく、定年退職した人、家事専業の主婦や主夫、無職の人たち、学生、生徒、児童などもいる。上記「2　社会の構成員」という意味では私たちはみな社会人だ。

　ここでは「社会人」は、「学校を卒業して、働いて自立したり、社会の一員として社会的なルールを身につけたりしている人」の意味で使う。社会学では、「社会人」は「ホモ・ソシオロジクス（社会的人間）」[1]として特別な意味に使うこともある。「人々は社会的に決められた役割に基づいて行動する」という社会学での人間観を示すものだ。この考え方によれば、学生は現代の日本社会で決められている大人の役割ルールに基づいて行動できるようにならねばならないということになる。

　働くことは自立した生活のために、あるいは自己実現のために非常に重要なことだけれども、働いていても働いていなくても社会の一員であるこ

とに変わりはなく、社会のルールを身につけていなければならない。

（2）学生の目標は何か

　大学では学問的な勉強が大事で、クラブ活動や就活などを優先させることは本末転倒だという意見を聞く。学生は勉強を最優先させるべきであることは言うまでもない。しかし、人生をトータルで考えたとき、学生にとっては何が大事なのだろうか。

　人の生涯では「幸福な人生を送ること」が大きな目標だろう。そのために希望の職業に就いて自立することも必要になる。大学で勉強することが自立のための就職につながるならば、大学で勉強を最優先することと人生目標は矛盾するものではない。

　ただ、勉強にしても就活にしても、成績を上げる、内定を勝ち取るといった短期的な目的が強調されて、長期的な人生目的や自己実現の手段という側面が忘れられがちなのは問題だ。短期目標しか見ていないと自分が本当に何をしたいのか、自分が幸福になるためには、これからどうすればよいのかがわからなくなるからだ。

（3）高校デビュー

　若者は誰でも、程度の差はあるが、これから何をどうすればよいかという悩みに突き当たる。河原和音作の漫画『高校デビュー』[2]の主人公、長嶋晴菜の例を見てみよう。彼女は、中学時代は部活に打ち込んでいた。高校生になって恋愛に目覚め、「高校デビュー」する。彼女は男子にモテたいと思い、それまでの「男子に目もくれない女子」という中学時代のイメージを改める決心をする。男ウケするファッションやしぐさを研究するが、どうもうまくいかず彼氏ができない。そこで「男ウケ」がわかるかっこいい先輩男子、小宮山ヨウに「絶対に自分のことは好きにならない」という条件で「モテコーチ」を引き受けてもらう…、というのがあらすじだ。

　これと同じような意味で、大学生になって恋愛に目覚めることを「大学

デビュー」という場合がある。さらに恋愛だけでなく、今までの自己イメージ、キャラクターを一新するような場合でも「デビュー」を使う。今までパッとしなかった人が大学生になって変わることも「大学デビュー」という。この場合の大学は人生のタイミング、ライフステージ（人生の段階）を指す。

　デビューとはもともと「初演奏、初舞台、初登場」という意味で、たとえば歌手が初めて発売した曲をデビュー曲という。最近はこの言葉を「高校デビュー」のように、少し違った意味で使うようになった。

　父親や母親が子供を、他の父母が子供を遊ばせている公園に連れていくことによって地域社会の仲間入りすることを「公園デビュー」という。長い間仕事人間で地元に無関心だった人が、定年後に地域の自治会活動へ参加するようになることを「自治会デビュー」という。これらはその人が新しい場所や組織への参加を開始するという意味のデビューだ。

（4）大学デビュー

　ここでは、「大学デビュー」という用語を恋愛に目覚める、あるいはキャラクターを一新するといった意味で使うのではなく、「大学生としてのタイミング」で、「今まで未体験の領域にかかわっていくこと」、特に「社会に向けて心構えをはじめること」という意味で使うこととする。すでに高校生の時に自分の将来を考え始め、この意味で「高校デビュー」している人もいるかもしれない。そのような人も「大学生として将来を考える」意味で「大学デビュー」について考えてほしい。

　大学入学をきっかけに、大学デビューし、これまでの自分の生き方を見直したほうがいい。それにはまず大学に入学しなければならない。大学に入学できるか、どの大学に入れるかは大きな問題だ。現在、高校を卒業した生徒が大学・短期大学に進学する割合（大学進学率）は5割を超えている[3]。大学の数や入学定員が増えたため「大学全入時代」と言われている。高校から大学への門は広くなってきているが、全員が希望する大学に進学できるわけではない。

大学に入学すればそれで万事めでたしというわけでもない。大学在学中には良いこと悪いこと、いろいろなことが起こる。大学入学で人生が完全に決まるはずがない。さらに就活でもすべての希望者が卒業までに内定を得られてはいないのが現実だ。

大学教員として長年、学生たちと接していて感じるのは、大学で社会への準備をし始めるのではなく、高校時代から長期的な展望をもって人生を考えるべきだということだ。何かを始めるには、いつ始めても遅いということはない。しかし、早く始めたほうが、準備は周到に行える。そのためには、自分に何が向いているか、将来何をしたいか、大学で何を勉強するかを高校時代から十分に考えておくべきだ。それを怠り、ミスマッチの大学や学部に入学してから大学デビューしてもミスマッチを強化するだけだ。大学教員としても、そのような学生の指導は大変難しい。

2. 大学デビューのために —— 大学生にとっての大学とは

（1）自分の将来

若いうちは、自分の将来についてはなかなか決められないのは当然だろう。しかし、私の周囲には自分の将来を決められないどころか、将来について考えたことがない、考えることができないという学生が少なからずいる。これは大学生として困ったことだ。

他人に自分のことを表明することが恥ずかしいというのであれば、少しは理解できる。大きなこと、高い望みを言って、実現できないと悔しいので言いたくないと思うなら、その気持ちも理解できる。学生たちの本心はそうではなく、自分の未来については純粋に白紙状態で、しかも何も考えていないこと自体、恥ずかしくもないし問題だとも思っていないらしい。

これは個々の学生の考えというよりも、今の社会が、若者が自分の意思表示や自分の未来について考えを表明できないような社会になってしまったためかもしれない。若者が他人に対して自分の将来を語れないというのは悲しいことだ。

（2） 受動的・消極的態度

　大学進学率の上昇と大学の大衆化により、特別な受験勉強をしなくても大学に入学できるようになった。日本ではかつて「受験戦争」と呼ばれるような過酷な受験状況が発生していた。大学全入時代は、受験状況の改善という点では喜ばしい。しかし別の問題が発生している。

　希望者は誰でも大学生になれる大学全入状態も、高校までの学習が適切に行われ、積極的・自発的な学習習慣が身につき、大学でさらに勉強しようとするのであれば大変好ましい。しかし残念ながら、高校までの学習を消極的・受け身的な態度で行い、内容の理解が不十分なまま大学に入学してくる学生が少なくない。今では昔の受験戦争時代のようにきつい勉強をしなくても大学に入学できるが、入学後も受動的で消極的な態度であれば、大学での学習の効果を上げることはできない。

　今の学生の受動的・消極的な態度は、古い世代の大人には「勉強しない」「勉強嫌い」のように映るだろう。しかし、若い世代はそのような授業形態・学習態度をとることが許されてきたのだ。

　本当に「勉強が嫌い」なら進学せずにほかの道を進めばよい。だが、他の道を選ぶほど勉強嫌いなわけでもないのだ。人生の道を選ぶのは大変な作業だ。大学は学問を勉強するだけでなく、それを探す場でもあるので、自分が進むべき方向がわからない若者も大歓迎だ。

　問題は次の点だ。

　消極的・受動的態度では何年大学にいても、大学生としての学習も進まないし、自分の進む道を見つけることもできない。そのような学生は勉強が嫌いではない。積極性・自発性を表現できないのだ。

　授業で教員が積極的・自発的に学習するように仕向けなければ、黙って座っているだけだ。相当数の学生は、特に興味があるとか、将来設計に必要だとかいう理由ではなく、必修だから、その時間が空いているから、友達が受講するから、といった消極的、義務的な理由で選択した好きでもない授業に出席している。自分にとって無意味な状況を我慢し続けるその姿は、私にはあらゆる煩悩を断って苦行に耐える「修行者」のように見える。

学生たちは我慢できなくなると私語を始めたり、スマートフォンをいじったり、音楽を聴いたり、居眠りをしたり、ゲームをしたりすることで、不満を表現し苦行を和らげようとする。教員がそのような行為を良くないから止めるように注意しなければ、それが常態化し、許されるものと錯覚してしまう。

私語は音声によって顕在化するので、教員も注意をすることが多い。しかし大人数の教室では、私語を含め一人ひとりの学習態度の間違いをいちいち指摘することは難しい。その結果、消極的な学習態度が変じて、積極的な非学習態度が横行するようになる。

これでは大学で学んでいることにはならない。この不幸な勘違いはさらに困った事態をまねく。学生は、そのような行為が社会でも許されると錯覚してしまうのだ。就活の期間中、企業の採用説明会や研修会で居眠りをする、私語をする、などの行為が見られると聞く。大学教員としては情けなく思うが、普段の学生たちの様子を見ていると、そういうことはあるだろうと思ってしまう。「きちんと話を聞いています」と、積極的に態度で表現できることもコミュニケーション能力の一つだ。それができなければ当然、就活には失敗する。

（3）「生徒」から「学生」へ

日本では、学校教育法によって「学生」と「生徒」を区別する[4]。中学、高校の学習者を「生徒」と呼ぶが、大学・短期大学・大学院・高等専門学校といった高等教育の学習者は「学生」と呼ぶ。

学生と生徒の違いは何だろう。高校までの生徒は既存の知識を学習する。生徒はいわば「知識の消費者」だ。しかし、大学では、自分が自ら学ぶ知識を基にして新たな知識を創っていく「知識の生産者」であることが求められる。消費者よりも生産者の方がより高い能力が必要だ。高校を卒業し大学に入学することは、生徒から学生に進化することなのだ。

大学への入学者、つまり学生はそのような積極的・自発的学習者であるはずだが、最近特に、そうではない生徒的な学生も多くみられるように

なってきた。以前は大学の中では学生を生徒と呼ぶことはまずなかった。ところが近年、大学生が自分を学生ではなく生徒と呼ぶのを耳にするようになった。この傾向は学生だけでなく教員の中にも蔓延している。

　大学生を生徒と呼ぶ教員や、生徒と呼ばれて何も感じない学生が少なからずいる。言葉にはその役割や地位の意味が付与されている。大学教員が大学生を生徒と呼ぶならば、それは「あなたは高校生以下だ」と言っているに等しい。それは「ハラスメント（嫌がらせ）」といってもよいほど学生に対して失礼な行為なのだが、誰も何も感じていないようだ。これは困った現象だ。「大卒の生徒」など、身体だけ大人で内容的には何の価値もない。あなたはそんな大人になりたいのだろうか。

（4）未知なる言葉への挑戦

　30年ほど前に亡くなったフランスの哲学者のミシェル・フーコーは、ある時代と後の時代で人びとの認識（エピステーメー）が継承されないことを、「エピステーメーの断絶」と名付けた[5]。彼が活躍した時代にすでに認識の断絶が始まっていたのだ。

　社会が急速に変化しつつある現代の日本では、大学教員が生きて来た時代と、学生が現に生きている時代の特徴が明らかに大きく異なりつつある。そのため、大学の場でフーコーのいうエピステーメーの断絶が生じている可能性が大きい。もしそうならば学生が、大学教員が授業で使用する言葉が理解できないとしても不思議はない。理解できない言葉で語られる授業を聴かねばならない学生は、さぞつらかろう。

　さらに心配なのは、授業で使う専門的な用語だけでなく、日常的な言葉も理解できていない可能性があることだ。時代とともに言葉は変化する。ある世代が使用する言葉はその世代の時代限定の意味を持つ場合があるので、同じ言葉でも時代によって意味内容が異なってくる。

　現在の就活ではコミュニケーション能力が重要視される。コミュニケーションの場で使われる言葉の意味が理解できなければ、コミュニケーションの最初の段階から誤解が生じる。極端な例では、ただ一つの言葉の意味

の理解があなたと相手とで食い違っていたため誤解が生じ、結果的にあなたのコミュニケーション能力がないと判断されてしまうこともあるだろう。

　たとえば「キモ」という言葉がある。「きも（肝／胆）」は「物事の重要な点。急所」（デジタル大辞泉）と言う意味で、もともと「物事の肝心 要 の部分」を指す言葉だ。ところが現在は「キモ」は「気持ち悪い」「不気味だ」という意味の若者言葉の「キモい」の短縮形として用いられることがある。不気味のつもりが肝心と受け取られたのではコミュニケーションどころではない。

　言葉は、ある現象や対象を切り取って表現したものだ。したがって、新たな言葉を知ることで、今まで背景に沈んでいて気づかなかった物事の特徴や質を知ることになり、自己の視野が広がる。

　たとえば、近畿地方のことばで「はんなり」という表現がある。「落ち着いた華やかさを持つさま」（『広辞苑』）という意味だ。私は美しく上品で明るい女性の描写に似合う言葉だと思う。長々と褒め言葉を連ねるより、はんなりと表現することによってその人物の特徴が際立って見える。はんなりについての話題が会話の中心である場合、その意味がわからなければコミュニケーションは成り立たない。はんなりは近畿地方特有のローカル用語で全国的には通用しない。これと同じように、現代の大人世代と断絶している学生にとっては、大人世代の当たり前の用語が、きわめてローカルな意味不明の言葉に聞こえることがある。

　あなたたちにとって重要なのは、自分たちがエピステーメーの断絶に直面しているかも知れないと考え、誰とでも正常なコミュニケーションができるように準備しておくことだ。新しい言葉に接したら、その言葉の意味を理解し記憶しなければならない。あなたはその言葉を使わずに、今までその現象や対象をとらえていたかもしれない。しかし、その現象や対象をそう呼ぶのだ、それが社会のルールだ、ということを理解し、他者とその言葉の意味を共有しなければならない。意味の共有ができなければ、コミュニケーション能力がないと判断されても仕方ない。

（5）「モテコーチ」ならぬ「社会へのコーチ」を探そう

　『高校デビュー』の小宮山ヨウは長嶋晴菜にとって高校時代を楽しくすごすためには是非とも必要なモテコーチだ。同じように、高校の担任の先生や進路指導の先生はあなたにとっての「大学へのコーチ」だ。実は、あなたをさまざまな場面で支援してくれる潜在的な「コーチ」候補者があなたの周りにはたくさんいる。あなたの両親や家族は「人生のコーチ」だ。

　大学生時代は、社会人になるための「社会へのコーチ」を探す時期だ。学問やそれによって得られる知識は、社会人になるための道具であり、将来を決定するためのデータであり、自分自身を強化してくれる。授業を受けることはコーチを受けることだ。その他、大学内には学生生活をコーチ（支援）してくれるさまざまな部署が存在する。授業支援の教務課、生活支援の学生課、就活を支援する就職指導課、キャリア開発課などだ。

　大学で最も利用価値の高いのが教員というコーチだ。教員を有効利用する方法にオフィスアワーの活用がある。ほとんどの大学では「オフィスアワー」を設定している。オフィスアワーについて文部科学省に設置されている大学審議会の答申は「教育指導・履修指導体制の充実」の中で次のように述べている。

　　　学生に自らの能力を認識させ、これを引き出すことができるよう、個別の学習指導の充実や少人数教育の実施とともに、授業を受ける学生に対して教員が相談に応じる専用の時間帯（オフィスアワー）を設けたり、ティーチング・アシスタント等を活用したりするなど、きめ細かな教育指導を行う体制を充実する必要がある[6]。

　オフィスアワーに教員の研究室に行けば相談に乗ってもらえるだろう。ただし、大学の教員はどんなことでもあなたの質問に答えられるわけではない。大学教員の中には研究に没頭しすぎて世間の事情に疎くなっている人もいるし、反対に、学生が出くわす困りごとを熟知していて、たちどころに解決策を示してくれる人もいる。

　大学教員間の差は大きいけれど、基本的には、常識を持った社会人とし

てあなたの相談にのり、一緒に考え、次に何をすればよいのか、どこで誰に相談すればよいのか、適切なアドバイスをしてくれるはずだ。小学校や中学校の先生と違って、大学教員には一見「教えない」人が多い。しかし、これは「教えない」わけではなく、「学生が自身で考える」ことを前提としているからだ。相談内容も小中高校の生徒のものとは違って大人の悩みに近いから算数の答えを教えるように簡単には教えることはできない。そういう問題は個人差が大きいため、結局はあなたが自分で答えをださなくてはならない。「自分で考えたがわからない」人には、サポートやアドバイスは的確にしてくれる。「求めよ、さらば与えられん」ということだ。ただし与えられるのは答えではなく、そのヒントだけだ。問題があなたにとって重大なものであればあるほど、自分で結論を出さなくてはいけない。

3. 高校デビューから大学デビューへ
―― 高校生にとっての大学とは

すでに将来のことを考えているという意味で「高校デビュー」している高校生諸君もいるだろう。高校デビューしている人もしていない人も「高校生である自分が大学で将来のことを考えてみる」という「(高校生の)大学デビュー」をしてみてはどうだろうか。

(1) 高大連携での大学デビュー

以前は高校と大学はまったく別のものだった。高校教諭と大学教員は別の種類の教員であって、生徒・学生の教育について互いに連絡を取り合うなんてことはなかった。生徒の人生は高卒で一応、一区切りとなり、少数の人だけが大学に進学した。大学進学者は他の人には体験できない大学生という特別な人生を新しくはじめるというような気分を感じていた。

ところが最近、高校と大学が連携して教育を行う取り組みが始まっている。現在では大学進学率が50%を超え、かつ半数近くが推薦入試で特別

に厳しい勉強をしなくとも大学に入学するようになった。大学進学者はもはや少数の優秀なエリートだけではなく、中には高校教育を十分に学べていない学生も含まれている。

そこで、高校から大学への7年間を通して教育を指導するカリキュラムが工夫されるようになった。これを高大連携という。政府の教育改革の事実上の指針となっている教育再生実行会議の答申にもこの点が盛り込まれている[7]。高大連携には、高校生が大学の公開授業に参加したり、科目等履修生として大学の正規の授業を履修したりするものや、大学の教員が高校に出向いて授業をする「出前授業」という形のものもある。高校生にとっては、早い時期から大学レベルの教育や研究に触れることができるというメリットがあり、また大学の授業を体験することで、自分の進路を決定する材料とすることができる[8]。高大連携プログラムを利用すれば、大学入学前に大学デビューを先取りできる。

（2） オープンキャンパスや学園祭での大学デビュー

最近の大学はオープンキャンパスや大学祭（学園祭）の機会に大学を公開し、積極的に高校生や受験生を呼び込もうとしている。オープンキャンパスは、以前は大学説明会などと呼ばれていた。大学の入試情報の提供が主な目的だ。日を決めて、その大学への入学を考えている高校生や受験生に大学の構内の施設の見学やカリキュラム（教育課程）・取得資格などの説明、さらに個別の受験相談、模擬授業や講演会も行われ、参加者にはお茶とお菓子、その大学にちなんだ記念品などのお土産も提供される。土日、夏季休暇に開催されることが多いため、近年では、進路指導の一環として生徒に参加を促す高校も多い。

大学生にとって大学祭は一大イベントだ。勉強や研究の成果を発表する展示や企画も多いが、勉強とはあまり関係のない、自分たちが楽しむことが目的のパフォーマンス、飲食物の模擬店、フリーマーケットなども開催される。学生はそのための準備を楽しんで行っている。

普段からキャンパスを地域社会に開放している大学は多いが、大学祭の

日は訪問者がいっそう多くなる。大学によってはたくさんの卒業生が母校の大学祭を訪問する。大学祭は大学の雰囲気を体験するための絶好の行事だ。

　また、オープンキャンパスや大学祭のように、いわば非日常の大学ではなく、日常の、普段の大学、普段の授業を見てもらおうという企画もある。「オープンクラス（授業参観）」、「オープンデイ（大学開放日）」、「キャンパスビジット（大学訪問）」などだ。日常の大学と言っても、オープンクラスなら、その授業には通常の履修学生に見学者が加わっているのでまったく普段と同じではないが、オープンキャンパスや大学祭とは違った一面がみられるだろう。このような機会を利用して、大学という環境に身を置いてみるのも大学デビューの第一歩だ。

（3）　SNS（ソーシャル・ネットワーキング・サービス）での大学デビュー
　多くの大学ではFacebookやTwitterなどのSNSの公式アカウントを持っている。また、個人的に、SNSやブログで情報発信している大学教員も多い。大学教員は基本的に研究教育を行いその成果を発表しているので、情報発信やコミュニケーションをとることが好きだ。そのような経路で大学や大学教員と連絡を取る方法もある。

　また、大学での授業内容や研究内容についてわからないことがあれば、大学や大学教員に思い切って質問する方法もある。もちろん、何も勉強をせずに、「聞くのが手っ取り早い」という態度で安易になされる質問は困るが、大学や大学教員は「教育研究の成果を社会に還元する」のが使命なので、まじめな質問にはちゃんと答えてくれるだろうし、自分でなく誰に（どこに）聞けば良い答えが得られるかも教えてくれるだろう。

　一人の学生が大学在学中に支払う学費、教材費、実習費の合計は安くても4年間で300万円はかかる。大学は勉強する場所だが、人生の中で大事な青春時代の4年間を過ごす場所でもある。ほとんどの若者にとって、どの大学を選ぶかはその後の人生に決定的な影響を与える。入学を決める前に十分情報を集めて、慎重な選択をすることが、まずは「高校生としての大学デビュー」の第一歩だ。

4. おわりに —— 社会人デビューに向けて

　高校生、大学生の時期は、生涯で非常に大切な時期だ。若者は何にでもなれる無限の可能性を持っている。しかし、その可能性には何にもなれないかもしれないという大きな不安も含まれている。

　将来を決めるという選択は、無数の選択肢の中から多くのものを捨て、選択肢を絞ることだ。特定の可能性を選ぶ勇気を持たなければならない。根拠があり自信をもって行った選択は、必ずや後悔をもたらさず、人生を実り豊かなものにするはずだ。「高校デビュー」から「大学デビュー」さらには「社会人デビュー」へ進もう。皆さんの人生はこれからが「デビュー」なのだ。

（栗田真樹）

注

1) ラルフ・ダーレンドルフ、加藤秀治郎・桧山雅人（訳）『政治・社会論集 —— 重要論文選』晃陽書房、2006 年。
2) 河原和音『高校デビュー (1)』集英社マーガレットコミックス、2004 年。
3) 「政府統計の総合窓口」「学校基本調査　年次推計」http://www.e-stat.go.jp/SG1/estat/List.do?bid=000001015843「総括表、4 進学率（昭和 23 年～）」
4) 「学校教育法」http://law.e-gov.go.jp/htmldata/S22/S22HO026.html
5) ミシェル・フーコー、渡辺一民・佐々木明（訳）『言葉と物』新潮社、1974 年。
6) 「グローバル化時代に求められる高等教育の在り方について」（審議の概要）http://www.mext.go.jp/b_menu/shingi/old_chukyo/old_daigaku_index/toushin/1315958.htm
7) 「高等学校教育と大学教育との接続・大学入学者選抜の在り方について（第四次提言）」（平成 25 年 10 月 31 日）教育再生実行会議 http://www.kantei.go.jp/jp/singi/kyouikusaisei/pdf/dai4_1.pdf
8) 「大学への早期入学及び高等学校・大学間の接続の改善に関する協議会（平成 17 年度～）報告書～一人一人の個性を伸ばす教育を目指して～」http://www.mext.go.jp/b_menu/shingi/chousa/koutou/020-17/houkoku/07032207.htm

コラム3　アリバイ工作はやめよう

■アリバイ型対応

　シャープペンの話（コラム2）で、0.5ミリのHB芯のシャープペンは使わない方がよいと書いた。しかし、本当はシャープペン自体が問題なのではなく、読みづらい文字のレポートを提出しても構わないと思う「気持ち」が問題なのだ。その根底には大学だけでなく日本社会によく見られる「アリバイ型対応」がある。アリバイ型対応は困難な状況に正面から向き合わず、その場しのぎの対応でごまかすやり方だ。若者がこれに慣れると、将来、身を滅ぼす恐れがある。

　アリバイとは「犯罪が行われた時の不在証明」（『広辞苑』）のことだが、比喩的に「口実、言い分け」「内容が伴わない見せかけだけの行動や発言」という意味でも使われる。アリバイ工作は大学の中や大学生だけの問題ではない。組織があって、その中に取り込まれて生きなければならない状況におかれている人なら誰でもアリバイ工作をすることはあり得る。

■アリバイ工作の誘惑

　あなたが授業の課題のレポートを提出したとする。出したというアリバイを作ったので、ひとまずは安心。あなたは義務を果たしたつもりだろうが、中身が問題なのだ。

　読みづらい文字で書いたレポートでは提出した意味がない。コピペのレポートは犯罪だ。何を書いたのか本人もわからないレポートは採点者が不可をつけるだろう。自分のレポートを読んでもらい、評価してもらう機会を放棄したことになるから、学生として失格だ。

　実は、アリバイ工作はいろいろな場面で通用してしまう。それはとても便利で魅力的なやり方なのだ。例えば、出席のアリバイがある。最近では大学は教育の質を上げようとやっきになっている。欠席を減らそうと、学生の出席をうるさくチェックするようになった。私の勤務校でもIC学生証とセットでタッチ式の出席管理システムが導入されている。講義室の機械に学生証をかざせば出席の記録がコンピュータに登録される。これでアリバイ成立で、学生は安心だ。出席管理システムも大学がやっているアリバイ工作だ。

　子供でもわかることだが、「ピッ」と登録することと、授業でちゃんと勉強することとは同じではない。大学がシステムを動かしているからといって教育の質が上がるわけではないのと同じだ。登録後に教室を抜け出す、後ろの席で居眠りをする、スマホでゲームをする、私語をする。大教室なら飲食することもできるだろう。

　アリバイ工作は電子装置が登場する以前から普通に行われている。例えば大学

入学もそうだ。高卒後、皆と同じく大学に進学すれば世間的に格好はつく。しかし、大学で特に何かを目指すのでもなく、何となく大学に通い、適当に授業に出席し、適当に試験を受け、なんとなく卒業していくという学生生活は、間違いなくアリバイ型生活だ。学生を表面的に演じているだけだ。アリバイ型行動をとる人は、自分が大変な損をしていることに気づいていない。

■大学生活を無駄にしないために
　学生のアリバイ型生活は短期的には楽だ。長期的にはせっかくの大学生活が無駄になる。大学の授業が嫌いなら受講しなければいい。大学がいやなら進学しなければいい。入学して間違ったと感じたら進路変更すればいい。そのような決断をせず、4年間、形だけアリバイ工作し、勉強しているふりをし、目先の安楽を楽しむ生活を過ごす癖がついてしまったら、その後の人生も本気で生きる気になれないだろう。
　アリバイ型生活をするかしないかで、学生生活の充実度や就活の成果が決定的に異なってくる。あなたが本気で物事に取り組もうとしているか、それともアリバイ工作に励んでいるかはベテラン教員には見え見えだ。何よりもアリバイ工作は遅かれ早かれ破綻する。
　大学進学を希望する高校生も、大学に入学した1年生も、もしも自分がアリバイ型人間だと思ったら、方針を変えたほうがいい。何をどう変えればよいのかは本書にもアドバイスが書いてある。

（宇田川拓雄）

第4章

教養科目もマンガも J-POP も教養だ

1.「履修基準」の謎 —— 肩身が狭い教養科目

　大学で「マンガ」や「J-POP」が授業科目になっているなら楽しいのではないか、と思う人は多いだろう。確かにそのようなポピュラー（大衆的、一般的）な話題が科目名になっていたり、内容に含まれていたりする授業科目は結構ある。だが大学では、そのような話題を扱う授業は大学が定める基準の枠の中で実施されている。

　大学の授業科目はすべて「履修基準表」に掲載される。学生たちはその表を見て受講科目を選び、単位をとる。卒業のためには表の各基準（単位や科目種類）を満たす必要がある。大学の科目は、高校までと比べものにならないほど数・種類が多く、複雑だ。だから基準表を軽視して条件不備で卒業できない学生すら出てくるので用心しなければならない。履修基準は大学生の勉学環境を表した基本地図なのだ（その表は大学案内や大学の Web ページに掲載されているので一度ごらんあれ）。

　さて、その表は、科目の種類ごとに区分けされている。区分けは大学や学部によって千差万別だが、どの大学にも共通した二つの区分けがある。教養と専門の名前がついた科目群だ。教養と専門ということばは、対で使われることが多い。たとえば「本学は、幅広い教養と専門知識をもった人材を育成し…云々…」というような大学の広報文がそれだ。見たことがある人もいるだろう。

　つまりは、教養と専門が大学教育の二大看板なのだ。ところが大学に

第4章　教養科目もマンガもJ-POPも教養だ　45

入ってみると看板の印象は違って見える。教養の肩身が狭いのだ。卒業に必要な単位数は普通は専門のほうが多い。教養は1年生でも全部履修可能なのに専門は1年生が履修できるのは「○○入門」に限られていたりする。教養は、さまざまな学部・専攻の学生に開かれている。一方専門は「(その専門分野の)専攻生のみ」などという但し書きがあったりする。だから、教養科目は少なく・浅く・易しく、専門科目は多く・深く・難しく見える。しかし、教養科目が肩身が狭く見えるのは、履修基準の中に限ってそうだというにすぎない。

　だから、ここからが本題だ。

　まず、「教養」と「教養科目」は違うということを意識しなければならない。教養科目ならば、履修基準どおりに登録し、受講して単位を獲得するのはそんなに難しいことではない(もちろん単位をとるための苦労はするのだけれど)。どれほど教養科目の単位をとったかは一目瞭然だ。ところが、教養をどれほど学んだか、その達成度を数字で明示することはできない。

　教養は大学教育の大看板のはずなのに、それを学んだ達成度は履修基準という物差しでは測れない。この掴み所のなさが教養の教養たる所以だ。あなたが大学で教養を学べるということを大学は保証してくれない。しかし、もう一方で、大学は教養はとても大事だと大学案内で公言している。

　この教養という鵺(得体の知れない伝説上の生き物)のような存在をうまく手なずけられるようになると、その学生はちょっと大人っぽく魅力的に見えてくるのだ。大学生活やその後の人生を楽しむための肝なのだ。そこで、以下では、大学の履修基準表という地図からはみ出す教養という鵺の姿を探っていこう。

2. 教養は履修基準からはみ出るものだ

鵺は妖怪の一種で、その姿をはっきり見た人がいないそうだ。教養もそれに似て、その全貌はよくわからない。化け物のような存在だから、おとなしく履修基準の枠の中に収まっているはずがない。

履修基準は大卒資格をとるための「学びの証明」だ。しかし、履修基準とは違った学び方がある。「自らの関心に基づいて自らが学ぶ」という学び方だ。履修基準上の修学が大学生の必要条件だとすれば、その枠にとらわれず自ら知的に生きることが、大学生であることの十分条件となる。履修基準どおりの学び方しかしていない大学生は一人前の大学生とは言えない。

大学の側でも、学生たちの自由で知的な活動環境を整えようとしている。学生がさまざまな知識や経験を得られる企画（講演会、体験講習会、上映会など）を行うし、図書館も夜遅くまで使える。高校生までとは違って、時間割に余裕があるのもそのためだ。決してアルバイトやサークル活動のために時間の余裕をつくっているわけではない。

この自由時間によってもたらされる知恵・知識・文化の全体が教養なのだ。学生個人の知的活動の全体を履修基準の枠で縛ることができないのはこのためだ。

履修基準の中の「教養科目」は、自由な知性の大切さを気付いてもらうための「きっかけ科目」「顔出し科目」にすぎない。人類の知識・知恵・文化の一端をア・ラ・カルトで提供するだけだ。ア・ラ・カルトというのは、「メニュー（仏語でカルト）にのっている単品料理一覧から選択する」という意味で、お好きに選んで下さいということだ。教養科目は基本的に単品科目で、どんな順序で履修してもよい。これに対して、専門科目はコース料理に似ている。○○入門、○○基礎、○○応用、○○特論というように入門から基礎をへて専門へ、そして応用科目から、さらに特別な分野を学習する特論科目へと履修順が決まっている。

一つの大学で出せる単品料理の数には限りがある。いくつかの教養科目は人類の英知のほんの一部であって、それが履修基準という名前のお皿に載っているにすぎない。試食会だと思えばいい。料理がまずい（その科目が面白くない）なら、それは（その時点での）あなたの口に合わなかったか、シェフ（＝教師）の腕があなたに合わなかっただけだ。

　仮に一つの大学で開講されている教養科目を全部受講しても、あなたは教養をすべて身につけたことにはならない。たとえば文学入門、心理学概論、西洋哲学、経済学入門、市民社会と法、社会調査の基礎、宇宙を読み解く、科学の基礎、健康と睡眠などなど。また一科目を受講しただけで、それが対象とする文化領域のすべてがわかるはずもない。哲学も健康も法も奥がものすごく深いことは誰でもわかっている。本当の教養は教養科目の奥に隠れている。

　2年3年と学年が上がるにつれ、学生たちは教養科目と縁遠くなる。それは教養というものの自由な性質によるものだ。学生は次第にお仕着せのア・ラ・カルト「科目」からは無縁になり、本来の意味での教養と自主的に縁を結ぶようになるはずだ。大学はそう考えて履修基準を設計している。試食は低学年向けだから、後は自分で学びなさいというわけだ。

　履修基準イコール大学教育だと見誤ってはいけない。教養（科目）は浅く役立たず、専門（科目）は深いので役立つ、と思い込む人がいるが、それも間違いだ。そういう人に限って教養も専門も深めることができないまま卒業していく。視野が狭いからだ。

　さて、ここまではわかったとしよう。

　「じゃあ教養ってなに？」「身につけるにはどうすればいいの？」「そもそも教養ってなんの役に立つの？」という疑問が当然出るだろう。以下、それについて語ってみる。

3. 誰だって教養の種はもっている

（1） 高い教養と無教養

　教養ということばは、上・下の価値付けをして用いられることがある。「あの人は教養がある」とか「教養がない」とか、「高い教養を持っている」とか「無教養」とかという風に。あるいは「あの人は教養があるからお高くとまって、物知りだと思って人を見下している」という皮肉っぽい表現もある。

　いずれにせよ、このようなもの言いの中には、世間は「レベルが高く、有益な知恵・知識・文化のセット」と、「無意味で時には有害（?）だと考える知恵・知識・文化のセット」がある、という考えが透けて見える。この二つのセットのうち前者を「ハイカルチャー（高級文化）」、後者を「大衆文化」とか、あるいは見下し的な意味を込めて「ローカルチャー（低級文化）」と呼ぶことがある。

（2） 教養の価値の基準

　では「有益なセット」とは具体的にどういう文化のことを指すのか？ハイとローを区別する基準は何なのか？

　実は基準は無い。「え？」と思われても仕方がない。本当に無いのだ。少なくとも固定的なものはない。ある時代・ある場所でははっきりした基準はある。しかし、その時代、その場所でローカルチャーの代表格だと思われていたものが、時代が変わったり、別の場所に行ったりすると、人類の知的遺産だ、とさえ言われるようなものになったりする。だから、あまりそういうことにこだわらなくていい。教養の範囲は広いのだ。

　時代とともに評価が大きく変わった文化ジャンルの一つが「映画」だ。現在、映画は知的で優れた文化メディアだとされている。「総合芸術」なのでIT技術からシナリオ作りまで、多くの才能が集まる。外国の大学では映画学部や映画専攻は人気だ。

しかし今から 100 年前は、そうではなかった。映画が生まれたころのことだ。「教養人」からは、「あれを観に行くやつは子供と貧乏人だけだ」と思われていた[1]。教養人たちはオペラや演劇は高級で有益なものとして許容したが、映画は刹那的な快楽を垂れ流す低級な見せ物だと考えた。

マンガも同じだ。最近では「クールジャパン」の名のもとに、アニメと並ぶ代表的な日本文化になっている。マンガ・アニメについての学部・専攻を有する大学もある。しかし、「あれを見るのは子供だけ」と考えられていた時代があった。具体例をみよう。

『サザエさん』は、もともと新聞に連載されていた 4 コママンガだ。今から半世紀前、1963 年のある日の『サザエさん』は、次のようなお話だった[2]。

① 公園に老夫婦がいる。
② ベンチにはマンガを読んでいる大学生風の人物がいる。
③ それを見たおばあさんが「おじいさんみました？」という。
④ 「ウワサでは聞いていたが、最近のコドモは体格がいい」などと言って立ちさる老夫婦。

半世紀前の「大人」はマンガを読まなかった。マンガ雑誌を持ち歩く大学生は「無教養」「子供っぽい」と思われていた。ただ、新聞の 4 コママンガは別で、大人も読んだ。『サザエさん』は大人向けの風刺マンガだった。そしてこの大人も読む新聞の 4 コママンガは、当時の「子供」のマンガ雑誌を愛好する大学生の実態を風刺していた。これはハイカルチャーの信者がローカルチャーの愛好者を軽蔑する、というおきまりの光景だ。

（3） 教養に貴賤なし

当時の大学生の教養といえば、たとえば岩波文庫に入っているような古典文学や思想書を読んだり、音楽も古典（クラシック）を聞いたり、そういった「ハイカルチャー」に接することだと考えられていた。もちろんそれらは人類の知的遺産だから、積極的に接することはいまでもとても大切なことだ。

しかし1960年代頃を境にして、文化への見方や大学のありかたが大きく変わってきたので、古典文学やクラシック音楽だけが教養だというのはちょっと無理が出てきた。映画やマンガのようにかつて「下」に見られていたものが「ハイカルチャー」に影響を与えたり、大学での教育・研究対象になったりする時代となる。そうなると価値観の逆転が起こる。知識・知恵・文化に対する価値観を固定的に考えて、カルチャーを上等・下等に分ける態度こそが無教養だと見なされる時代になってきたのだ。

　もちろん今でも「マンガやゲームをせずに勉強しなさい！」と言われることがある。でもそれは大学受験に（マンガ学部志望者は別とすれば）「マンガ」は直接役立たず、マンガを読むことで勉強時間が奪われるのを心配しているだけだ。「マンガ愛好者は無教養、低レベル」という考えで叱られたとは限らない。

　だから、今現在、「子供っぽい」と思われるようなものをあなたが（ひそかに）好きだからといって、決して恥ずかしく思う必要はない。教養のジャンルに貴賤はないのだ。それがJ-POPであろうと、アニメであろうと、流行ファッションであろうと、アイドルであろうと、なんでもいい。このような意味で誰だって教養の種はもっている。

　しかし、安心しないでほしい。教養がある・ないという見方や社会的な評価は確実に存在する。注意してほしいのは、その基準は、いかにそれを「深く」辿っていこうとしているのか、という一点であることだ。教養がある人とは、いつの時代でも、その「何か」を懸命に深く辿っていこうとしている人のことだ。これが、教養を考える上でのポイントなのだ。

4. 深く辿る、「結び目」を探す

（1）教養としてのマンガ

　教養にジャンルの貴賤なし、しかし、「深み」が必要、と書いた。前に続いてマンガを例にしよう。

　1970年代後半ごろから大学や専門学校などでマンガの専門教育がはじ

まった。大塚英志氏（評論家・現神戸芸術工科大学教授）もその教育に携わった人だ。その経験を踏まえ、今から10年ほど前に『教養としてのマンガ・アニメ』[3]（サカキバラゴウ氏と共著）という書物を出した。出版のきっかけは彼がかかわった専門学校の学生たちの反応にあった。そのまえがきの一部（pp.5-7）を引用しよう（…は中略、丸括弧内は筆者の補足）。

> 教える上で…（生徒が当然知っているだろうと思われる）作品に言及します。それは「手塚治虫のあのキャラクター」…「梶原一騎のあの台詞」…「宮崎駿のあの場面」…生徒たちはきょとんとした顔をしているのです。…（その後の世代の作家にあたる）岡崎京子や庵野秀明…さえ、彼らの多くは触れていなかったのです。…情報は山ほどあるのに、読み継がれるまんがが何であるかについては伝わっていない…「おまえらは何も知らない」と若い世代に説教する前に、やはり自分たちが伝える努力を欠いていたのではないか…。

マンガが文化として成熟してくると、最初の世代の作家たちに影響をうけた次の世代、さらに後の世代の作家たちが活躍する。それに影響を受けた若者たちがマンガの世界に入ろうとする。専門学校の生徒たちがそれだ。

ところが生徒たちは、第一、第二世代の有名作家たちの名前も功績も知らないため、話の入り口のところで「きょとん」としてしまう。そういう状況に教師自身も戸惑ってしまった、というわけだ。「若い世代に説教する前に…自分たちが伝える努力を欠いていた」と自省しているが、実は「若い世代」の「何も知らなさ」についてすこし呆れてしまっている様子も見て取れる。

（2） 教養とは洞窟探検の試みだ

このようにマンガという比較的新しいジャンルの文化ですら知識伝承は難しい。若い頃は、自分が「好き」なもの、興味を覚えたものは、とても新しい（自分たちだけの）ものだと感じることが多々ある。上の世代の好みとは違うものを自分たちは愛しているのだ、という優越感や独占感を

持ったりもする。

　ところが、歳を重ねて知識・経験が増えるに従って、それが「すでにあったもの」の影響を受けていたことがわかるようになる。新しい知識・知恵・文化にも常に先行者がいる。そういうことがわかってきて、私たちは少し大人になる。こういう「昔と今の繋がり」をわかろうとする態度をとり、その態度によって得た知識を自分の身体の中に蓄積していくことが教養だ。

　また、あるものを調べたり深めていけば、知らなかった人・作品・発想・分野を発見したりする。行く先に何があるか見通せないという意味で、人生を生きていくことは洞窟探検に似ている。小さな洞窟を探検していると、別の大きな洞窟への通路を発見することがある。この「横に広がり繋がる」という態度をとることが教養を学ぶことだ。このような感覚を持つようになれば、洞窟をさらに奥まで辿れるし、別の洞窟への探検を自力で進めることも可能になる。人生が広がり、生きる意味を深めることができる。

　教養の洞窟探検は別に難しいことではない。対象はなんでもいい。身近なものでいい。入門編として一つ提案しよう。あなたが今現在興味のある事柄をいくつかの要素にわけて、それぞれの履歴をすこし丁寧に辿ってみてほしい（熱中すると困るので、大学に合格してからの方がいいかもしれないね）。いままでと違った世界を見ることができるはずだ。

（3）　好みの J-POP を探検してみる —— 身近な洞窟探検例

　たとえば、あなたがある J-POP のアーチストが好きだとする。アルバムももっている。さて、彼（彼女）の最新アルバムのアレンジャーは誰？　プロデューサーは誰？　楽曲の作曲家・作詞家は他のどういうアーチストに作品提供をしている？　アルバムの楽曲一つひとつでベースを弾いているのは誰？　ボーカルは誰？　アルバムはどのスタジオで録音されたの？　機材は？　ミックスダウンはどこでやった？　つまりは、表に出ているアーチストや作品を支えているスタッフ・裏方・場所・道具

をすこし調べてみよう。今ならネットで情報収集が容易だ。

　調べると、一枚のアルバムには音楽の歴史が沢山詰まっているはずだ。年の離れたおじさんがあなたと同じ年代のころに好きだった昔のアーチストが、今のあなたが好きなアーチストのプロデューサーなのを発見するのは素敵ではないか。あなたが好きな別のバンドが同じスタジオで録音していたり、子供の頃いつも口ずさんでいた「お母さんといっしょ」の楽曲がアレンジャーの若い頃の作品で、ちょっと驚いたりするのも楽しいではないか。アルバムジャケットの写真家の作品を辿っていくと、自分の好きな俳優の写真集を出していたりすることがある。今まで意識しなかった人たちや楽曲が、そのアルバム一つを中心に繋がっていて、そのことからメロディーや歌詞や写真やバンドについての自分のいろんな「好み」に共通性があることをはじめて見いだして、嬉しくなったりするかもしれない（その可能性は高い）。

　洞窟探検の対象はいままで述べてきたようになんでもいい。いわゆる「サブカル」と呼ばれるジャンルのアーチストでも、彼らのパフォーマンスには、あなたや彼らが生まれる前からのさまざまな文化の蓄積が役立っているはずだ。きゃりーぱみゅぱみゅ、あるいは Perfume でもいい、そのプロデューサーやアートディレクターをたどり、たとえばそこで中田ヤスタカや田向潤や関和亮や真鍋大度を知りテクノや現代アートの流れに興味をもって、さらに彼らが影響を受けたアーチストを探っていくと、あなたのおじいさんと同年代の映画監督やクラシック界の大物にたどり着いたりする。そのように芋づる式に知識世界を開拓する癖をつけること、これが大切なのだ。

　だから教養は大学の4年間で「修了しました」というように区切りのあるものではないし、取得した単位の数で分量をはかれるものでもない。何をどのくらいやらなければならないという区切りがないから教養は面白い。それに気付くにはいろいろな探検の経験が必要だ。自由時間が潤沢な大学生の時期こそ、そういった経験をつむ格好の機会だ。それが何にどう役立つのか？　最後にその話をしよう。

5. 教養とは「つなげる」こと

（1） つながりの効用

　上で、洞窟の例え話を出したりして、いままで無関係だと思っていた事柄が今の自分の関心事と意外と結びつくことがある、ということを述べた。つまり教養とは、今現在の自分以外のものと「繋がる」方法なのだ。繋がりの効用は二つある。

　まずはストレートな方から言おう。実社会のコミュニケーションに役立つ。他者と繋がるのに役立つということだ。

　いまの大学生たちの最大の関心の一つは、いかに「就活」を乗りきるか、ということだ。学生たちを悩ますのが「面接」だ。他の章でも語られていることだが、面接は、自分の大学時代のバイトやボランティアやサークル体験を元気よく語ることではない。いくらその体験をお喋りしようと、それは「自分語り」といって好まれない。ひとりよがりな話は、相手に響かないからだ。一方、面接官の質問の意図や相手の関心がどこにあるのかを理解しようとし、それを自分の経験・知識と繋げようとする態度があれば、沢山のことばをつかわなくても、好感度は上がる。これは仕事全般に言えることだ。

　就活での目の前の面接官や、仕事での顧客の関心事は、あなたの関心事ではないかもしれない。だから場をもたせようと「自分語り」する以外に手が無くなる学生が多い。一方的に喋って、あとは沈黙が続くというわけだ。

　さてここで、上の教養の定義を思い出して欲しい。一見無関係なものが自分の中で繋がっていく経験を積んだ人は、自分語りを準備などしない。気まずい沈黙も用無しだ。だってどんな無関係にみえるものも、じつは世界のどこかで繋がっていることを、自分の経験で知っているのだから。だからそういう人はどんな話でも他人の話を興味をもって聞く態度を示せる。そういう対話の中での寡黙な相づち一つは、百の自分語りより良質な

メッセージだ。自分の身体に蓄積された知識の束のどれかが、相手の話に反応することもある。つまり聞き上手ということだ。そして聞き上手は話し上手。つまり他者と繋がるチャンネルをもって対話できる人のことだ。そういう人が大人世界では（最近のことばでいえば）「リスペクト」（尊敬）されるはずなのだ。

（2）　未来とのつながり

　もう一つの効用は「今」の自分と「未来」の自分を繋げる、ということだ。これについてはある有名人の語りに任せよう。
　アップル社の最高責任者だったスティーブ・ジョブズは、2011 年秋、55 歳の若さで亡くなった。死に先立つ 6 年前の 2005 年の初夏、彼は米スタンフォード大学の卒業式に招かれていた。日本流に言えば祝辞の講演者としてだ。iPod や iTunes など i シリーズの大成功をもたらしていた IT ビジネス界のヒーローの登場に卒業生たちは沸き立った。彼は講演の中で大学時代を回顧し、起伏に富んだ人生のルーツがその時代にあることを語り始める。天才の生き方を模範として良い場合と悪い場合があるが、彼がそこで話した中身は、彼が天才かどうかというレベルを超えて大学生にとって有益なものだ（講演はネット動画で見られるので一度ご覧あれ）。
　彼は大学を途中で辞めたのだが、決して退学までの学生時代を否定的にとらえていない。彼は大学生としての生活に失敗して退学したのではない。大学にも 20 歳前後の青年として夢中になるものがたくさんあった。その一つとして「カリグラフィー」の授業の魅力を講演で語っている。
　カリグラフィーとは西洋の書道のことで文字を美しく構成する技法のことだ。書道は世界共通の文字芸術だ。彼が熱中したカリグラフィーの授業は、以後の彼の人生に大きな影響を与えた。コンピュータと書道は結びつきにくいように見えるが、そうではない。彼が大学退学後にアップル社という会社を作り、そこで開発したパソコンの売りの一つは、美しいデザインのフォント（書体文字）を搭載していることだった。彼は、そのことをとても誇らしく思っていた。アップル社が、そういったフォントを搭載し

た最初の製品「マッキントッシュ」を発表したのは、彼がカリグラフィーの授業を受けてから10年後のことになる。

　ジョブズはその頃のことを思い出しながら、スタンフォードの卒業生たちに次のようにメッセージする。

> 大学のころは、先を見越して点と点をつなぐことなどできなかった。だが10年もたつと、それらがはっきりとつながっていたことがわかった。…再度言おう。先を見越して点をつなぐことなどできない。できるのは、あとから振り返ってそれらをつなぐことだけだ。そして、なぜかしら未来では点と点がつながるのだということについて、あなたがたは信用しておかなければならない[4]。

　そう、いまから先を見越して、先にあるものと今をつなぐことなどできるわけはない。あなたが大学生になって、なにかに熱中し、知的探検を繰り返すことは、未来の自分への贈り物を紡ぎ出しておくことだ。

　あなたたちが入学する大学では、いろいろな関心をもつ教員が多種多様の授業を提供しているはずだ。興味があればいくらでも深めれば広がる知識や情報を教えてもらえるだろう。そしてあとは「なぜかしら」未来と今がつながる不思議を「信用」しておけばいい。教養を身につけることは、長い時間をかけて、未来のなにかと結びつく可能性を持った知識と経験を獲得することなのだ。

（吉井　明）

注
1）　四方田犬彦『日本映画史100年史』集英社新書、2000年。
2）　朝日新聞 be 編集部『サザエさんをさがして』朝日新聞社、p.67、2005年。
3）　大塚英志・サカキバラゴウ『教養としてのマンガ・アニメ』講談社現代新書、2001年。
4）　"'You've got to find what you love' Jobs says", Stanford Report, June 14, 2005, http://news.stanford.edu/news/2005/june15/jobs-061505.html）。訳は筆者による。

コラム4　学校ユートピアからの卒業

■ユートピア

　大学も学校だから小中高校と似た点が多いけれど、肝心な点では大きく違う。特に、大学は小中学校のような「学校ユートピア」ではないことは肝に銘じておかなければならない。

　「ユートピア」はトマス・モアというイギリスの思想家が16世紀に書いた小説『ユートピア』[1]のタイトルだ。ギリシャ語の「無い（ユー）」と「場所（トピア）」を組み合わせた言葉で「どこにもない素晴らしい社会」という意味だ。

　ユートピアは大陸から人工的に切り離された島で、外界から隔絶している。そこでは何もかもが整っていて合理的で、人々は理性的で平等で、生活は安全で衛生的だ。

　ユートピアは素晴らしい場所に見えるが、同時にチャールズ・チャップリン主演の映画『モダンタイムス』[2]に描かれているような、極端な管理社会や全体主義的社会もイメージさせる。そこで、ユートピアを素晴らしい世界とは正反対の意味で、皮肉、批判をこめて理想郷とは逆の世界の呼び名として使う場合もある。トマス・モアの描くユートピアはこの意味の理想の国だ。

■3つの差の無視

　学校では「個人の容貌の差」「親の貧富の差」「成績の差」が無視される。このことは校則には書いていないが、絶対に守らなければならない掟だ。学校では可愛い女子がひいきされたり、裕福な親の子供が優遇されたり、成績の良い生徒の意見だけが取り上げられるということはあってはならない。

　世の中にはこの3つの差について、恵まれた子供と恵まれない子供がいる。運が悪く恵まれない子供は、物心ついた時からそのことに苦しんでいる。だからこの3つの差を意識しなくてよい学校はパラダイス（天国）のように素敵な世界、ユートピアなのだ。

　現実にはこの3つの差はとても重要で、そんなことは誰でも知っている。日本の学校ではすべての子供はあくまで平等に扱われる。教育では子供の意欲、理解力、向上への努力が重要で、親が金持ちだとか、生まれつきスタイルが良いとか、算数がよくできるからといって、学校の中ではその子を特別扱いはしない。これは素晴らしいことだ。教育の理想が実現している。

■ユートピアの結末

　問題はその結果だ。子供たちは「みんな平等」に慣れ切っている。その結果、自分の個性を意識しなくなってしまう。本当は能力には差があるのに全員を同じ

く扱おうとすると、全員を平等に、個性のない生徒として扱うことになる。

　学校は官僚制度で運営されている。官僚制度の中ではすべてがルーチン（決まり切った繰り返し仕事）として、事務的、機械的、画一的に行われる。このような学校の画一的な仕組みは子供に基礎学力を与え、基本的なしつけを教え込むには必要だ。どの時代、どの国でも学校は同じように運営されている。官僚制度と学校ユートピアはとても相性が良い。大学も官僚制度で運営されているが、大学は小中高校のような意味での学校ユートピアではない。

　ほとんどの学生にとって大学は最終学校だ。卒業後、現実の社会に出て行く。学校の外では個人の差があからさまになる。学生諸君は在学中から他人との差を意識すべきだ。学生はみんな異なる個性、長所短所、得手不得手を持っている。その意味で平等でも同じでもない。目が小さい、家が貧しい、英語がわからないという理由で悩んでいる人はたくさんいる。その事実から目をそむけ、そんな問題がないかのようにふるまうことは自分の個性を殺してしまうことになる。

　大学でも公式の場で差があらわになることはない。その意味では理想の教育環境だが、小中高校のような学校ユートピアではない。大学では自分と他者の差について意識しなければならない。その上で自分の個性を最大限に生かす努力をしなければならない。

　大学時代は4年間しかない。大学は管理に便利なので、あなたたちを事務的、機械的、画一的に扱おうとする。しかしあなたたちは子供ではない。すぐに外の世界に出ていかねばならない。学校ユートピアの幸せな環境に浸って、つかの間の心の安心を楽しんでいる暇などない。このことに気付かなければ、何年、大学にいてもあなたは理想と現実の区別のつかない子供のままだ。

　この世で、個性を発揮して生きることほど楽しいことはない。大学生になったら、学校ユートピアから卒業し、楽しい学生生活を送ろう。　　　　（宇田川拓雄）

注
1)　トマス・モア（1516年）、平井正穂（訳）『ユートピア』岩波文庫、1957年。
2)　チャールズ・チャップリン（脚本、制作、主演）『モダンタイムス』1936年。

第5章

企業から見た中堅大学

1. はじめに

　私は、民間企業や政府を相手に、経営コンサルタントの仕事をしている。コンサルタントというのは、それら組織の仕事の仕方や事業についての調査をしたり、事業戦略の提案を行う仕事だ。
　この仕事を通じ、多くの大企業や中堅・中小企業とつき合ってきた。私がこの仕事を始めたのは今から30年近く前で、景気の良いとき、悪いとき、バブル経済、とその後の低迷、それぞれの局面、それぞれの時代の企業の動きを目の当たりにした。
　以下では、その経験に基づいて、現在の日本企業が「中堅大学」の新卒者たちに、どのような役割を期待しているかについて述べてみたいと思う。

2.「中堅大学」の新卒生に対する企業の関心は高い

　日本の大学進学率は、近年50％超で推移している。高校を卒業した人の半分近くが大学に進学している状況だ。OECD（経済開発機構：日本も参加している先進国の集まり）加盟国の高等教育進学率は60％を超えている。青年層の高学歴化は先進国共通の傾向なのだ。
　さて、高等教育機関のうち、最も学生数が多いボリュームゾーンは中堅大学だ。企業側からみれば、大企業も中堅・中小企業も、このゾーンにあ

る沢山の大学卒業生を今後も採用相手として考え、受け入れていくわけだから、企業の関心も当然高い。

　現在、就職難の時代だと言っても、企業はボリュームがある中堅大学から自社に適した人材が欲しい。そのため、就職に関して過剰な心配をする必要は無い。むしろ、大切なのは、企業の関心の中身（本音）について、その正しい理解を怠らない態度、企業を観察する癖を大学時代に身につけておくことだ。

　といっても、入学前後のあなたたちにとっては、先のことのように思われるかもしれない。しかし大学生の時間は、実のところ、あっという間に過ぎ去る。だから、入学したら、その後何十年も続く「大人の生活（働く生活）」を準備するためにも、夏休みに入る前に一度は私の話を思い出してほしい。

　さて、以下では、現在の企業の新規採用の実態をみた上で、新規採用者に企業が何を求めているのか、述べてみよう。

3. 大卒新規採用（学生の就職）の現在

（1） 就職率に注意

　まず図5-1をみてほしい。これは、経済同友会が2012年2月に発表した大卒新規採用の全体像だ。経済同友会というのは、日本の大企業を中心とした財界組織の一つだ。

　平成23年3月の大学卒業者55万人のうち、企業や役所などに就職を希望する人は45万人（就職希望率は約82％）だった。そのうち、実際に就職した人は34万人だから、就職希望者の就職率は約75％だ。この年度は、東日本大震災を経験した年で就職率の落ち込みがあるが、とりあえず近年はほぼ75％前後で推移していると考えておこう。

　なお、上の就職率は就職希望者を分母にしているが、卒業者はそれよりも多い。大学院への進学、結婚などの「進路」を選択した学生だけでなく、最初は就職希望だったが「就活」を途中で諦めた学生が含まれている

第5章　企業から見た中堅大学　61

と考えられるので、卒業者全体の就職率は上記の割合よりさらに下がる。

いずれにせよ就職希望者のうち既卒未就業の人たちは11万人おり、昔に比べると雇用の安定性が揺らいでいることは確かだ。進路決定にあたっては企業規模や有名無名という表面的な部分に気を取られず職場を選ぶという感覚が大切になる。図にある通り、実際、大学卒業生の半数以上は、現在、中堅・中小企業に就職している。

さて、以上の点を踏まえた上で、図5-1の最後の棒グラフでわかるように、テレビCMなどを出す有名な超大企業（就職人気ランキング上位200社）にはとても入りづらいということがわかるだろう。単純に数字だけで言えば、超有名大手企業に入るのは、東大などの有力大学に入るよりも数段難しい。現在の大学生や、その親御さんの一部には、テレビCMなどで知られた有名企業への就職に固執する傾向があるが、中堅大学の卒業生には極めて高いハードルがあるということは理解してほしい。

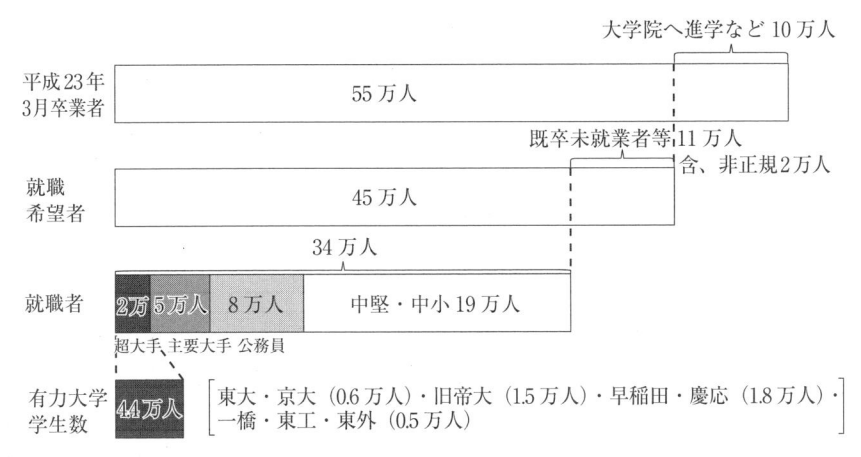

平成23年3月卒業者	55万人／大学院へ進学など10万人
就職希望者	45万人／既卒未就業者等11万人（含、非正規2万人）
就職者	超大手2万5千人、主要大手8万人、公務員／中堅・中小19万人（計34万人）
有力大学学生数	4.4万人〔東大・京大（0.6万人）・旧帝大（1.5万人）・早稲田・慶応（1.8万人）・一橋・東工・東外（0.5万人）〕

注：「超大手」は就職人気ランキング上位200社、「主要大手」は日経リサーチ「主要1000社」のうち「超大手」を除く。「就職希望者」＝「卒業者数－大学院等への進学者数」とした。

図5-1　平成22年度（2011年度）の大学新卒採用の全体像

出典：「新卒採用問題に対する意見」経済同友会、2012年2月、http://www.doyukai.or.jp/policyproposals/articles/2011/pdf/120223a.pdf

（2） 中堅大学生の就職先は？

この出身大学と就職先の関係については、図5-2のグラフを見れば、より詳しいことがわかる。

図5-2は、大学を「クラス（階級）」に分けて扱っているので、少し気に障ることがあるかもしれない。しかし採用に関して企業は大学の違いを上記のような分類で見ている、というのが現実だ。企業の考えを客観的に理解するのは、進路を考える上でも大切なことだ。このグラフは、大学クラス別に企業から内定をもらった学生に対して内定先企業の従業員数規模を聞いたものだ。

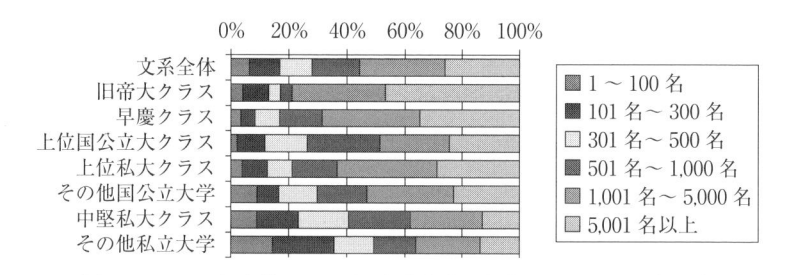

図5-2　2014年大学クラス別の新卒内定先企業の従業員規模（文系）
出典：「2014年新卒採用動向調査」HRプロ、http://www.hrpro.co.jp/research_detail.php?r_no=72

まず、文系のデータで「5,001名以上」の超大手企業から内定をもらっている学生の割合は「旧帝大クラス」では47％と半数近くに及ぶ。しかし、逆に言えば旧帝大生も半数は超大手には行っていない、とも言えるわけだ。「中堅私大クラス」「その他私立大学」では13〜14％にとどまり、逆に「300名以下」の中小企業の割合が36％になっている。

つまり、大学卒業生の就職先は、大学のクラスによって差異が明白であること、中堅私大クラス、その他国公立大学などの中堅大学は、大手企業への就職もあるが、中堅・中小企業が就職先として多いということを理解してほしい。

海外と比較すると、他のOECD先進国と比べれば、日本の企業の採用

数は、不景気とはいえそれほど極端に減っていない。中堅企業・中小企業への就職機会があるのが、日本の大学生にとってはかなりありがたいことと言える。

　このような状況を踏まえれば次のように言えるだろう。まず、超有名企業に入ることを夢見る就活生は、上のクラスの大学にいたとしても、なかなかうまくいかず、結果として就職戦線から脱落してしまったりする。一方、業績がしっかりした中堅どころの企業を巡って地道に就活を行う中堅大学の学生たちが、上のクラスの学生たちと同じ会社から内定をいくつももらう。このようなことが、普通におこるのだ。

（3）企業が求める学生像
　　　── 誤解される「コミュニケーション能力」の中身

　それでは、企業が大学生の採用にあたって何を重視しているか、つまり期待する学生像について見てみよう。

　図5-3は、大学の就職センターでも多く引用されている有名なグラフである。日本の大手企業を中心とした経済団体である経済団体連合会が、毎年、会員企業（大手企業が中心）に対して行っているアンケート調査結果の一つで、新卒採用にあたって特に重視した点（5つ選択）を挙げたものだ。

　この結果では、採用選考で特に重視されるのは、「コミュニケーション能力」であり、毎年の調査では9年連続で第1位になっている。また、「主体性」「チャレンジ精神」「協調性」などが重視されているのも近年の傾向だ。一方、「学業成績」「語学力」「出身校／所属ゼミ／研究室」「保有資格」などは採用時に重視されているようには読めない。

　この結果を見て、企業はコミュニケーション能力を重視しているのだから人と関わる経験が大事だと解釈し、主体的でチャレンジ精神を持ち、協調性が必要なサークル・アルバイトを頑張ろうと考える学生が増えるかもしれない。しかし、「大学では、勉強よりもサークルやアルバイトで人間関係（＝「コミュ力」）を大切にしよう」と考え実践している学生は、本当に企業が求める大学生像なのだろうか？

64　第1部　中堅大学入門

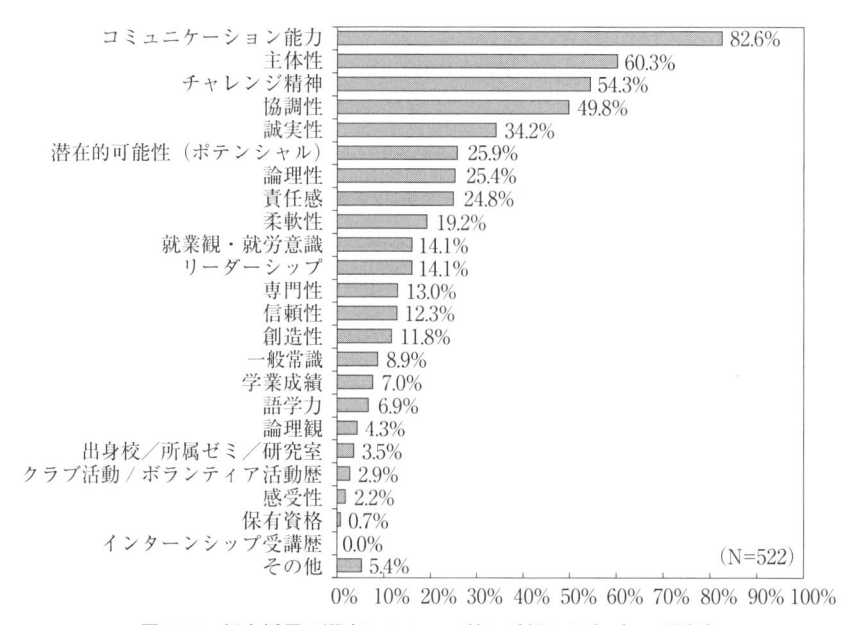

項目	割合
コミュニケーション能力	82.6%
主体性	60.3%
チャレンジ精神	54.3%
協調性	49.8%
誠実性	34.2%
潜在的可能性（ポテンシャル）	25.9%
論理性	25.4%
責任感	24.8%
柔軟性	19.2%
就業観・就労意識	14.2%
リーダーシップ	14.1%
専門性	13.0%
信頼性	12.3%
創造性	11.8%
一般常識	8.9%
学業成績	7.0%
語学力	6.9%
論理観	4.3%
出身校／所属ゼミ／研究室	3.5%
クラブ活動／ボランティア活動歴	2.9%
感受性	2.2%
保有資格	0.7%
インターンシップ受講歴	0.0%
その他	5.4%

(N=522)

図 5-3　新卒採用の選考にあたって特に重視した点（5つ選択）
出典：「新卒採用（2012年4月入社対象）に関するアンケート調査結果」日本経済団体連合会、2012年7月

（4）重視されている論理的思考

　ここで、もう一つデータを紹介しよう。同じく一般社団法人日本経済団体連合会（以下、経団連）が実施したアンケート調査結果だが、文科系、技術系・理系大学生に期待する各項目を、それぞれどの程度重視しているかを聞いたものだ（図5-4）。

　この結果によれば、文系、理系とも「論理的思考力や課題解決能力を身につける」が最も高く、「チームを組んで特定の課題に取り組む経験」も重視されている。理系では、「専門分野の知識を身につける」ことへの期待も高い。

　この結果を先に挙げたアンケート調査結果と重ねてみると、企業は、確かに「コミュニケーション能力」や「主体性」を求めている。

　しかし同時に、論理的な思考力や課題解決力、そして基本的な学力・知

第5章　企業から見た中堅大学　65

文科系、技術系・理系大学生に期待するもの（複数回答）

項目	文科系	技術系/理科系
専門分野の知識を身につける	113	356
論理的思考力や課題解決能力を身につける	455	365
チームを組んで特定の課題に取り組む経験	263	236
専門分野に関連する総領域の基礎知識も身につける	85	188
実社会や職業との繋がりを理解させる教育	219	176
職業意識や勤労観醸成に役立つプログラム	180	132
ディベートやプレゼンテーションの訓練	142	92
一般教養の知識を身につける	165	98
外国語によるコミュニケーション能力を高める	93	57
異文化理解に繋がるような体験	52	26
その他	8	7

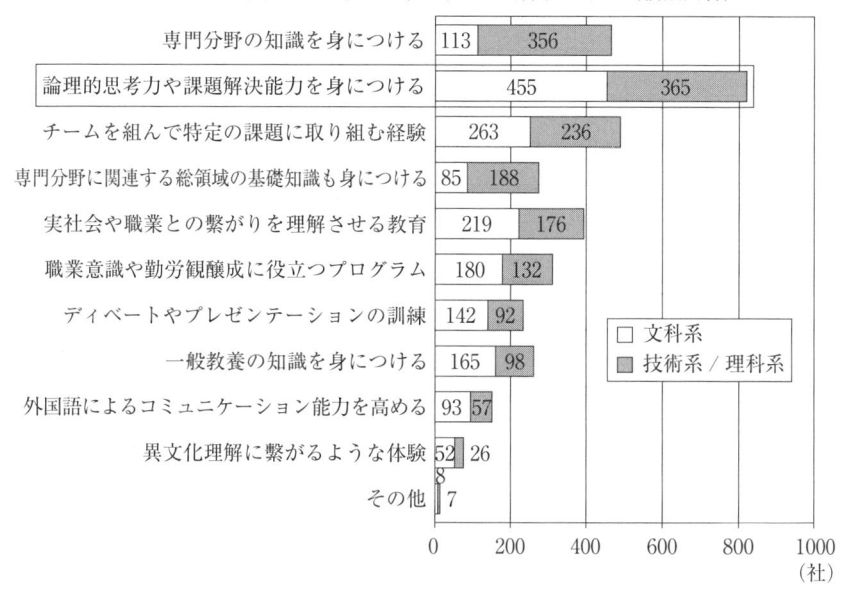

図5-4　「文科系、技術系・理系大学生に期待するもの（複数回答）」
出典：「産業界の求める人材像と大学教育への期待に関するアンケート結果」日本経済団体連合会　閲覧2014年5月30日

識も求めていることがわかる。論理的思考力とは、物事を筋道立てて、論理的に考える能力のことだ。仕事をする場合、自分の考えていることや会社の商品などを会社の同僚や顧客に理解してもらうことはとても重要なことだ。このような論理的思考力は、アルバイトやサークル活動で身につくこともあるだろうが、大学生ならば大学での授業やゼミ、自分の勉強や研究を通じて身につけていくものだろう。

　この点からコミュニケーション能力は、論理的思考力や問題解決力、読む書く話す聴くという基本的な能力と大いに関係があるとわかるだろう。相手の話を理解できる、自分の考えを言葉やeメールなどの文章で適切に伝えられる、といった基礎的な能力がなければ、そもそもコミュニケーションは成り立たない。また、同僚や顧客を説得する、顧客が困っている課題を十分に聞き取り理解した上で、解決する手段を提案することは、論

理的思考に裏付けられたコミュニケーション能力が不可欠だ。

企業が求めるコミュニケーション能力とは、単にアルバイトなどで大人との人間関係がうまくできたという体験話ではないということを是非理解してほしい。また、大学の就職セミナーなども、単に「コミュ力」を高めるためのプレゼンテーション技術の獲得などの表層的な技術論ではなく、論理的思考に裏付けられたコミュニケーションスキルについての重要性を学生に伝えてほしいと思う。

4. 中堅大学の学生の企業に入ってからの役割

では、大企業と中堅・中小企業が求める大学生に違いがあるのだろうか。ここでは、近年行われた経済産業省の「社会人基礎力に関する緊急調査」を見てみよう（図5-5）。

これによると、企業が求める人材像について、企業規模に関係なく、「主体性」「実行力」「創造力」が高い割合で求められている。これは先に挙げた経団連実施アンケートの採用における選考理由と似ている。

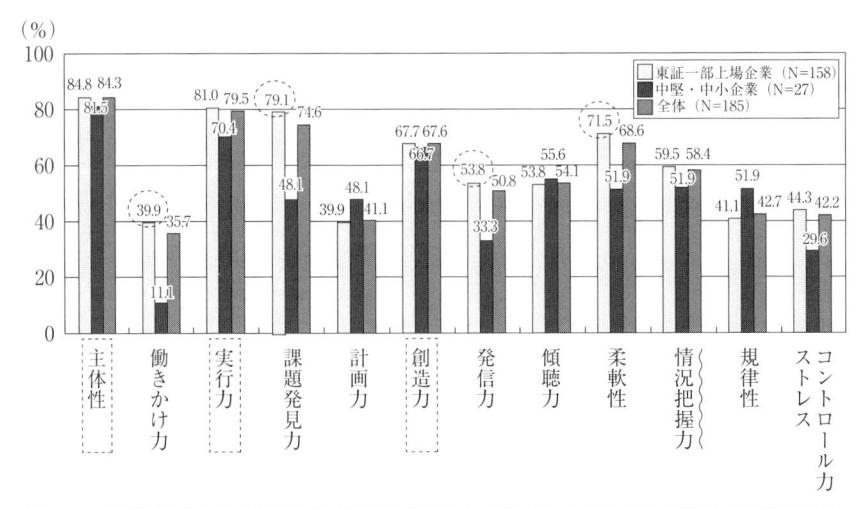

図5-5　企業が「求める人材像」と「社会人基礎力」を構成する12の能力要素との関係の深さ
出典：「社会人基礎力に関する緊急調査」経済産業省、平成18年4月

企業規模での違いに注目すると、大企業では、「課題発見力」「発信力」をより高く求める傾向が見られる。一方、中堅大学の学生が多く就職する中堅・中小企業では、人を巻き込んでいく「働きかけ力」「発信力」などを求める傾向が低い。なお「計画力」「情況把握力」「傾聴力」「柔軟性」や「規律性」という社会人として基本的な能力であるチームで働く力はどちらの企業でも求められている。

　上記の特徴は、中堅・中小企業の仕事のやり方や職場環境と関係している。規模が小さい企業は、大企業に比べ自分の業務範囲が幅広く、若いうちから顧客交渉など前面に出て働く場合が多い。一方、大企業だと部署や役割が細分化されており、いきなり責任ある仕事を任せられることは相対的に少ない傾向にある。中小企業ならば、いろいろな仕事を任されながら、機動的にチームワークで仕事をこなしていかないといけないため、まずは、顧客や社内チームメンバーとの連携のための基本的な「計画力」「情況把握力」「傾聴力」や「規律性」が重要になるのだ。

　例えば、中堅大学の文系の学生の多くは、幅広い意味での営業職につき、顧客への提案・接客業務や、顧客獲得のための企画・販売促進、顧客サポートなどに取り組むことになる。この場合、顧客の話を聞き、理解する「傾聴力」「情況把握力」、その要望への対応や約束したことを守るため、社内メンバーと調整し、仕事を進める「計画力」、その前提として、遅刻をしないなどの「規律性」が基本となることは理解してもらえると思う。

　その上で、顧客から仕事をもらうために、いろいろ自分なりに知恵を出して提案し（主体性、創造力の発揮）、信頼を得るために着実に仕事をこなす「実行力」が期待されることが大事だということは薄々とわかるだろう。

　当然ながら、常識ある企業の人たちは、新卒や若手社員にスーパーマンのような過度な期待はしない。そのため、会社で役立つ創造力といった一見難しく聞こえる能力を満たしている学生などほとんどいないことは知っているのだ。ただ、新卒採用者が、徐々に企業の中で成長し、働き盛りになる年ごろには、創造力や主体性、実行力が本当に求められてくることに

なる。そのような力がない社員ばかりだと、会社がつぶれることになりかねないからだ。常識がある中堅・中小企業は、そして大企業は、採用時にも、入社したての若手に対しても、このような力を持つかどうかの潜在能力を注意深く観察していると考えてもらいたい。

　その潜在能力を見抜くことは経験を積んだ企業の人事採用者でもなかなか難しいものだ。ただ、先に挙げた論理的思考力を学生時代から身につける習慣を持った人は、ポテンシャルが高く、顕在化する可能性が高いと考える企業の採用者は多いだろう。そのような人は、失敗もするだろうが、自ら論理的に考え実行することで、失敗からも何かを学ぶことができるからだ。

　論理的思考力は、就職時にチェックされる隠れた評価基準であるとともに、会社に入ってからの仕事においても重視される能力である。今、能力と書いたが、これは先天的に各人が持っているものではなく、日頃の経験や訓練によって培われるものだ。

　重要なので繰り返すが、大学時代に自分の考えや物事を、わかりやすく筋道立てて、論理的に考える癖をつけることは、就活といった局面だけではなく、仕事をする社会人にとっての重要な武器と言える。是非、大学に入ってから、論理的に考える、そして論理的に考えた結果を人にわかるように伝えることを心掛けてほしい。

5. おわりに

　以上、主に中堅大学の学生、中堅大学を志す人や、その保護者に対して、企業の採用から見た中堅大学生について述べてきた。ポイントとしては、就活で言われる「コミュニケーション力」の重要性とは、単に人間関係を円滑にするためだけではなく、仕事の現場で顧客や同僚のことを理解した上で、説得的に、かつ納得してもらう論理的な考え方が基本にあるということだ。それは、あらゆる企業において求められ、採用試験時にも最もチェックされているものだ。

最後に、大学生活の中で、「論理的思考」を身につけるためのアドバイスを記したい。第一は、多くの賢明な人が言うように、読書の癖を身につけてほしい。これは多くの本を読んで多くの知識を得るということだけではない。好きな本は、これは小説のようなフィクションでもノンフィクションでもよいのだが、必ずあなたに訴えるものがある。それが何かとか、なぜこの本が好きなのかを内省して自らに問うことは、好き嫌いという感情的な事柄をこえて論理的に考える一歩になる。現在、さまざまなメディアを通じた情報があふれている状況だが、電子出版も含め活字メディアを読む習慣を身につけることをお勧めする。

　第二は、自分とちょっと違うなと思う人と対話する癖をつけることだ。往々にして友達とは、「まじ〜」「やば！！」で会話が感覚的に済んでしまうこともある。これは楽しいことだから、それはそれで楽しめばいい。ただ、自分の考えや理路を噛み砕いて言わないと理解してくれない人種、例えば大学の先生などとの対話を心がけたらどうだろう。多くの大学の先生は、「オフィスアワー」という時間を設定している。学生に対してさまざまな相談に乗ってくれる時間枠のことだ。このような時間を積極的に活用して、身近な問題、例えば、「日本の就活って何が変？」とか、「ブラック企業って、どうしてあるの？」とか対話してみるといい。学費分、先生を使い倒してみよう。何も年上だからといってひるむ必要はない。最初は、たどたどしくても、慣れれば小難しい話でも相手に伝わる、すなわち理路整然とした論理的な話が盛り上がるかもしれない。

　ぼーっとしているとあっという間に終わる大学生活だが、このような論理的な考え方を実践して身につける体験を多く持ってほしいと思う。

（佐々木守彦）

コラム5 数学と物理学

　数学は、数量と空間図形の性質について研究する学問で、これらを抽象化・一般化して得られた諸概念から論理的に組み立てられた知識体系だ。物理学は、自然界に生起する諸現象を合理的に理解すべく、その根底にある普遍的法則・原理を研究する学問だ。この2つの学問について説明しただけで、難しいと感じる人も多いだろう。日本学術会議の報告によると、高校における物理履修者の比率は1970年代には80〜90%台だったが、1982年の指導要領改訂以降は30%台に激減し、現在では20%以下と言われている。これは物理学を「大学受験に不要な科目」に分類する高校生が多いことを意味している。ただし、高校生が大学受験に必要ないと判断しただけであって、学修すべき学問として不要であるということではない。実際、理系はもちろん、文系でも数学や物理学の学修をカリキュラムに組み入れている大学は意外にも多い。

　では、大学で数学と物理学を学ぶ意義は何だろうか。専門的知識を獲得することはもちろん、これらを学ぶ過程は社会生活に広く役立つ汎用的技能（ジェネリックスキル）を獲得するために欠かせない。例えば、数学を学ぶ過程では、知識を単に獲得するだけではなく、前提を明確にし、何が本質的であるかを分析し、論理的に考え、正確に表現するという、スキルも同時に獲得できる。また、数学の学修は、論理的思考力のほか、集中力や発想力の養成といった知的訓練という側面においても役立つ。一方、物理学研究のプロセスは、実験や観測によるデータ収集と解析、理論モデルの構築、実験・理論の比較による検証と検証結果のフィードバックという形で進行する。このような研究の進め方は、自然科学研究における方法論の規範を提示するものだ。こうした研究方法は、様々な職業においても有用性が高い。このように、数学と物理学の学修はジェネリックスキルを身につけるための重要科目だ。

　数学と物理学の重要性は認識しつつも、苦手な人も多いだろう。単位の取得を必要とするならば、試験対策をして、専門的知識を問うペーパーテストの正答率を上げることは必須だ。しかし、これでは高校での受験勉強と変わらない。大学では、数学と物理学が苦手だと感じている人ほど、その学び方と研究方法を積極的に学んで欲しい。公式をただ暗記する勉強ではなく、学問のすばらしさをぜひ味わってほしい。

（松浦俊彦）

第6章
ITツールのちょっと「大人」な使い方

　インターネットとモバイル通信の大衆化時代にあなたたちは育った。子供のころからパソコンやネット・ツールを知っている「最初」の大学生世代にあたる（どの程度「最初」なのかについては、コラム10「メディア・ネットの大衆化 ― 育った時代の特徴を知っておこう ― 」で年表などを使って簡単な解説をしているので、それを読んで自分の世代の特徴を確認しておいてほしい）。

　ただしそのことと、本当に大学生らしい使い方をできるかどうかは別の話だ。そこで、以下、ちょっと大人っぽい使い方について述べてみよう。

　知っている人にとってはアタリマエのことを列挙するが、多くの人にとっては意外といままで気にしてなかったようなことが多いと思う。

1. 機材の選定 ── 余裕のある作業空間で仕事をすること

　いまの大学生にとってネットとパソコンは必須の仕事道具だ。自前である必要は無い。大学のネット環境とパソコン環境だけをつかってもいい。ただ、最近では、パソコンなどに興味が無くても自前の環境を手に入れる学生が多い。昔に比べて安くなったし、傍にあればなにかと便利だからだろう。

　パソコンを選ぶ際には計算速度などの性能だけではなくて、使いやすさに気を配ってほしい。高性能の情報機器でも人間にとっては道具にすぎない。道具は使いやすくなければならない。これはアタリマエだ。

入力を司るキーボードとマウス（あるいはトラックパッド）、出力（結果）を見るためのモニタ（ディスプレイ）は、自分の身体（指と眼）の補助道具なので、自分の身体にあった使いやすさを感じるようなものでないとストレスがたまる。

　特にモニタの選択には注意しよう。モバイルツールを使いなれている人の中には、パソコン画面の大きさ、見やすさに頓着しない人がいる。小画面での作業になれているからだろうか。しかし大学での勉学などに利用するなら、小道具（携帯）と大道具（パソコン）の使い分けが大切になる。高校時代と比べものにならないほどの大量の文字・情報の「読み書き」が必要になるからだ。

　調べる、読む、書くの３つの作業を同時に行う機会も増える。時には音声ファイルを「聴く」、動画ファイルを「観る」という作業も付け加わる。ブラウザの画面、ワープロの文書画面、辞書と電子ファイルの閲覧ソフト（ビュアー）の画面がモニタにいくつも並んでいたりする。

　そういう仕事には、小さな画面は情報表示量が少なくて向いていない。作業中は一覧できる情報量が多いほうがいいだろうし、長時間モニタを見つめるので疲れないことも大切だ。だから道具の選定は慎重に、携帯には携帯なりの仕事、それより広い画面にはそれなりの使い方があるというわけだ。

　環境に応じた道具の使い分けは、パソコンに限ったことではない。受験生なら、目下とりくんでいる受験勉強でも同じことをしているはずだ。ベットに寝転んで英単語帳を繰って暗記をするのは単一作業の携帯的な仕事のしかただ。長文の英文解釈にとりくむ時には、机の上にノート、問題集、辞書を置いてみたりするだろう。ケーキ皿のスペースも確保しておこう。普段部屋の中でやってることを、ITツールの中でもやれる環境を整備しようというわけだ。

2. タッチタイピング —— 自分の身体の動きを知る

　大学でレポート類をすべてワープロで作成するようになっても、子供のころから慣れ親しんできた「手書き」から離れるのはもったいない。大学でも是非手書きメモを続けてほしい。とはいえ、それだけですむ時代でもなくて「キーボード」の扱いになれる必要がある。

　パソコンの側から「人間」を見た場合、頭に巨大な「指」が生え、大きな一つ目、その真下に口がある怪人に見えるはずだ、とある本は述べている。カート・ヴォネガット（アメリカのSF作家）の描く「トラルファマドール星人」のような奇怪な生物のようだ、ともいっている[1]。パソコンは嗅覚インターフェースを持たないので人間に「鼻」があってもそれは無視される。最近のパソコンは音声認識をするので、人間が口を持っていることはわかる。パソコンとの情報のやりとりの主要部分は指による入力だから、指が重要なものと認識される。私たちは、頭に巨大な指が生えるほどパソコンとの対話を「指」に依存している。

　パソコン利用経験が少ない初年生が最初に苦しむのが、この指の扱いだ。日本語の入力は手間がかかる。キーの場所を覚えていないと漢字「変換」のために首を上下に動かさなければならない。

　手元を見ずにキー入力する方法・訓練を「タッチタイピング（メソッド）」と呼ぶ。もともとタイプライターを使う秘書や事務職など専門職向けに考えられたものだ。ところが日本語圏の人にとっては、タッチタイピングは、専門職ではない「普通」の人が最初に身につけるべき技能になってしまうのだ。

　指（首）を使った入力方法はしち面倒くさい、ということもあってか、近年では音声入力や視線入力（視線で入力記号を指定する）、さらには脳波入力技術の研究開発が進みつつある。とはいえ、当分私たちは指入力から離れることはできないだろう。

　というわけでタッチタイピングについて以下留意してほしい事柄を書い

ておこう。すでにできているので関係ないと思っている人も、とりあえず以下の3点についてチェックを入れてほしい。

　第一に、その文化的な背景を知っておこう。コンピュータはアルファベット圏の人が考えついたもので、キーボードも同じくその地の人々が考案したタイプライターのキー配列がもとになっている。欧米文化の産物である。日本語を入力する場合は、アルファベットキーでローマ字を入力して五十音にし、さらに漢字などに変換する「ローマ字変換」が最もよくつかわれている。このようなアルファベットに頼るキー入力環境が日本語を書くのに本当にふさわしいものかどうかは、議論の余地がある。この「議論の余地がある」という事自体を日本（語を操る）人として自覚しておいてほしい。これはあなたがたが育ってきた「文化」にかかわる問題だからだ。だから、ひらがな入力や「親指シフト」といった、日本語を書くための独自の入力方法も考案されてきたし、また、その入力方法をあえて選択して文章を書いている人々もいる。

　第二に、しかしながら、大勢に従えばあなたがたもローマ字入力を練習することになろう。その場合は、日本語入力のためだけにタッチタイピングを取得するのはもったいない。英文（欧文）のタッチタイピングも同時に習得しておくのが将来的に益がある。決して英文（欧文）を書き言葉として常用しろというわけではない。しかし日本語に混じって欧米のスペルを入力するような機会は大学生なら普通にあるし、abc 以外のアルファベット記号（たとえば：、；、'、? など）をつかう機会もアタリマエのようにある。また現代日本語は半分英語混じりの言葉なので（コラム8参照）、特に自分がつかうカタカナ外来語（単語）程度は原語綴りでも書ける（つまりはもともとの意味を知る第一歩）ようになるのが望ましいからだ。

　ところが、日本語のためだけにタッチタイピングを練習した人は、ローマ字ではほとんどつかわれないアルファベットキー（たとえばqやxや「か」行の子音をkで覚えた場合のcなど）の位置を身につけないまま過ごしてしまう。英文（欧文）入力が必要な時に戸惑うし、欧米単語の綴り

を入れることに慣れていないので、入力に手間取ることが多い。むしろアルファベットでのタッチタイピング練習を先行させて、ローマ字入力を後付けするぐらいの気持ちで取り組んでほしい。これもある意味文化的な理解につながることだ。

　第三に、これを機会に、自分の身体について考えてみよう。楽器の演奏やスポーツを愛好する人は、個々人の身体の骨格や筋肉の癖が、楽器や運動道具の持ち方、動かし方の癖に反映することを知っている。変な癖があればそれを直す訓練もする。キーボードを触るのも、実は演奏したり（そもそもピアノはキーボードだ）スポーツをしたりすることと同じ身体運動なのだ。

　タッチタイプの教則本などで最適な指の置きかた、座る姿勢などが描かれていても、それを鵜呑みにすることはない。教則は最大公約数だ。「だって、やっぱり無理だものこの姿勢」と思うことがあれば、その実感を自分なりに分析して、工夫しよう。子供の頃からの身体の癖は一朝一夕で直らないし、そもそも直さなくてもいい癖だってある。「猫背」はこれを機会に直した方がいいと思うこともあるだろうし、元々骨格など左右対称な人などいないので杓子定規の姿勢を保つのは無理があることに気づくこともある。あれこれとキーボードの置き場所などもかえてみればよいし、モニタの位置だって自分の「利き目」を知っておかないと上手く最適化できないことに気づくだろう。つまりは、キーボード操作を一つの身体スポーツとして考えてみるというのが、この項の最後の提案だ。

3. 紙媒体を重視しよう

　あなたたちが生まれた頃とは比較にならないほど、ネット情報の種類、範囲、分量は多くなっている。ただし量がふえても質が良くなったとは言えない。質については、いろいろ問題が指摘される。

　その中でも、情報の「信頼性」についての注意を常に払っておかなければならない。ネットの中には元の情報源がわからない情報（オリジナル所

在情報の欠落)、発信者が匿名、仮名で信頼できるかどうかわからないもの（発信者の固有性の欠落）があるし、ネット上の情報（サイト）の場所が変更されたり中身が書き換えられたり削除されたりするので不安定だ（一貫性、持続性の欠落）、といった指摘がなされる。だから「ネットに頼るのはよくないよ」という警句を、生まれてから一度は聞いたことがあるはずだ（ない人は、「今、ここで聞いた！」ことになる）。

　ネットが発達する前の情報は会話や演説以外、主として書籍、雑誌、新聞などの「紙」媒体で提供されていた。固有名詞をもった著者によって書かれ、出版社や学会などが情報の信頼性（著者が依拠するオリジナル情報源にあたり、またそれが信頼できるものかどうか）をチェックした上で「出版」され、時間がたった後も図書館にいけば中身を手に取り再検証することができる、と人々は考えてきた。紙媒体の中には信頼性に欠けるものが少なからずあるので、それをむやみに信奉する愚は避けなければいけない。しかし、少なくとも固有名詞をもった著者によって書かれ・印刷されたものは信頼性についての「必要条件」をネット情報よりは持っている（「十分条件」ではない）。

　もちろん、ネット上の情報の信頼性を高めるための改善の努力がさまざまな形で行われてきている。信頼性の高いネット情報・サイトとそうでないものを、うまく切り分けながらネットを使いこなす、というのも大切だ。その工夫の仕方を大学生になったら徐々に学んでいってほしい。しかし、使いこなしに自信がつくまでは、不安定なネット情報にむやみに頼らず、紙媒体で定評のある書籍・雑誌を中心に情報を収集、学習することがよい。

　かりにネット上で興味のある情報を見かけても、いったんネット（オンライン）から降りて、身の周り（オフライン）の図書館で調べ直すことだ。もちろん、いま現在「紙」である必要はない。昔に「紙媒体」だったものが電子化されているものも多くあるので、それは紙媒体に準じるものとして付き合おう。

　学術の世界は、今やネット上の電子データが研究成果物になる時代だ

（特に「理系」分野はその傾向が強い）。紙媒体（専門雑誌）を廃止した研究分野も多い。だから今ここで述べていることは時代の流れに逆行しているように見えるが、大学の初年生が、そのような先端研究報告を読むことはあまりない（読んでもわからないことが多すぎるだろう）。むしろ定評のある専門（入門）書を確実にものにするところから学習をはじめた方がよい。先端部分にも親しんで使い方を熟知している人がネット情報を使いこなしていくということと、初学者が日常的に安心して使えるということは別物なのだ。

　要するに人類の知識・知恵の多くが紙媒体として蓄積されているので、初学者はネット情報に飛びつく前に紙媒体を尊重しよう、というわけだ。その基本を押さえた上で言えば、実はネット情報を使わないと仕事にならない時代になっているのも確かなので、次にそれを述べよう。

4. 大学生っぽいネット情報空間を知ること

　ネット情報の信頼性は、情報を提供している「場所」（サイト、組織）に大きく依存している。だからアクセス場所の選定が重要だ。大学の研究や教育で使うネット情報は、実は世間ではあまり知られてなかったり、使われてない場所にあったりすることが多い。その場所のあれこれは、大学に入ると「情報検索入門」「アカデミックスキルズ」といった情報調査入門科目などが（多くの大学では、初年生必修科目だろう）教えてくれる。とりあえずここでその一端をしめしておこう。

(a) 大学が独自に契約している情報会社から提供される情報データ

　これは先に書いたような電子専門雑誌などが代表的なものだ。学生がよく使うものとしては新聞の過去記事データなどがある。また、各種電子辞典類などの学内のネットから利用できるサービスもある。それぞれのサービスと契約しているかしていないかは大学ごとに異なるので、自分の大学の利用環境を知った上で使ってみよう。この種のデータは大学内の端末コ

ンピュータから接続しないと閲覧できないことが多いので、世間的にはあまり知られていない。

（b）大学から利用できるようになっている学術雑誌論文などの電子データベース

これは大学を問わず利用できる。閲覧にあたっては無料利用できるものもあるし、閲覧者が個別料金を払う場合もある。日本語で書かれた学術論文も結構な数が蓄積されてきている。

（c）一般公開されているが、学術目的をもって作られてきた各種情報データベース

特に「書誌情報」（出版された書籍や雑誌、また雑誌に掲載されている論文・記事の著者名やタイトル情報）に関するデータが蓄積されており、それをネット経由で検索できるサービスがある。これは第12章で紹介されているOPAC（オーパック）という仕組みもそのジャンルの一部をなす。特に著名なのは、NACSIS-CAT（国立情報学研究所）提供の共同目録データベース（これは上記（b）とつながっているデータベースだ）と、国立国会図書館（NDL）が提供しているNDL-OPACで、特に日本で出版された多くの書籍・雑誌データを検索するためには基本中の基本だ。また書誌ではなく中身について言えば、NDLが過去に発行された日本語（紙）媒体の電子化プロジェクトを進めており（「近代デジタルライブラリー」）、電子化された「本」「雑誌」はネットを通じて見られるようになってきている。

高校生まではGoogleやYahoo！などの一般向け情報サイトなどに親しむことが多い。学校で「なにか調べてみよう」というような宿題・課題が出ても、一般サイトを通じた情報検索で「調べ」が行われることが多い。しかし、大学生はそれとは違った大学向けの「情報空間」に出向くことが多い、ということが少しでも伝わればこの項の役割は果たせるというものだ。

5. ネットの「発信」は「大人」の所作で

　TwitterやFacebook、各種ブログなどSNSの情報がネットを駆け巡り、いろいろな社会問題を起こしていることは、よく耳にすることだろう。バイト先の冷蔵庫の中に寝そべっている写真をTwitterで流し大騒ぎになった、というようなことを見聞きすると、「なんて馬鹿なことを」、とこの本を読んでいる人はみんな思っているはずだ。ところが、そのような「馬鹿」なことでなくても、どこか同じような感覚でネットを使っていないか、ちょっと確かめてみよう。

　子供のころ、けんかをして、ひどい言葉を投げつけたり、投げつけられたりして、何年もたってからふとそれを思い出して、赤面したり憤慨した経験が一度はあるだろう。その時の「言葉」は、自分の頭の記憶の奥にしまわれていて、なにかの拍子に「再生」される仕組みになっている。さて、では、その時の場面をビデオやレコーダーでとられていたらどうだろうか。そしてそれが不特定多数の人の眼・耳に触れるとすれば。当然、そういう場合は、赤面したり憤慨したりするだけではすまなくなるはずだ。

　インターネットの情報データというのは、そのような性質のものだ。「声」で言いっ放しのコミュニケーションは時間がたつと忘却されることが多いし（逐一覚えていたら頭が持たない）、特定範囲の人にしか物理的に届いていない。それでも人を傷つけたり、赤面して落ち込んだりする。ところがネットの情報発信はその程度ですまない。不特定多数がいつでもアクセスできるようなかたちで残るのだ。その範囲と残り方は、たぶん、あなたが想定する以上の広さと規模を有している。

　たとえばTwitterで、ちょっと変なツイートをしてしまったなあ、と思って、すぐに削除したとする。ところがそのツイートはすでにネットに流れている。ネット情報はデジタルデータの特性からして瞬時のうちにいくらでも複製物ができる。メールなどは、そもそも削除すらできない。つまりすべては残るというわけだ。閉じたグループでそれをやっても、その

グループの誰かがネットに流せばそれで複製の環は連なっていく。

　ネット上の世界的な情報サービスに www.archives.org というものがある。archives（アーカイブ）というのは「保存庫」という意味だ。このサイトは、世界中のWebサイト（当然ブログも含まれる）の時期ごとの過去ページを「保存する」というプロジェクトでアメリカ連邦政府もそれにかかわっている。たとえば10年前のある時期に、ちょっとしたブログをひと月だけ使ってその後削除したとすれば、当然現在のGoogleの検索には出てこない。ところがどっこい、そのwww.archives.orgには10年前のページが（情報収集精度があるので必ずとは言えないが）保存されているというわけだ。その時ブログにアップロードした写真はちょっと変で恥ずかしいからブログをやめたはずなのに、ネットのどこかにその写真が不特定の人がアクセス可能な形で残っているというわけだ。

　このwww.archives.orgのプロジェクトは、「3」で述べた「ネット情報は信頼性に欠ける」という難点（一貫性、持続性の欠落）を克服するところから始まっている。つまり発言されたものは必ず残すという「ネット図書館」の試みである。ある意味まっとうな試みなのだ。だからアメリカの中央図書館（連邦議会図書館）がプロジェクトの共同者でもある。ネット発達前は、言葉（や映像・音声）を残すには紙の書物やレコードなどのコストがかかる媒体しかなかったので「一般」の人が本を出版する、などということは少なかった。ところが現在は、人々はネットを通じて日々「出版」しているのだ。だからネットのちょっとした軽口も、日々、図書館の収蔵庫に入っていると考えよう。

　ネットの「発言」は、このように広範囲に半永久的に残る「発言」をすることであって、子供のころのけんかが、時がたつと忘却されてしまうようなものではないのだということを知っておこう。

　パソコンをはじめとするさまざまなITツールやインターネットの情報伝達、保存の仕組みをわかった上で、情報発信するのがちょっと大人っぽい所作なのだ。

（吉井　明）

注
1) Dan O'Sullivan & Tom Igoe（2004）, Physical Computing, Couse Technology, Boston.

コラム6　交換留学という方法

■お金の問題

私の家は裕福ではなかったが、何とか地元の国立大学に行かせてもらった。そこからすべてが始まった。

大学にも授業料免除の制度がある。私はその制度を活用した。さらに奨学金も3団体からいただいた。2団体は給付型で返還しなくてよかったが、残りの1つは無利子貸与型だった。10年以上かけて最近やっと全額を返還した。

学生時代は塾講師のアルバイトなどで資金をためた。性格も内気だった私だが、大学3年の時にカナダに交換留学をした。性格も随分明るくなったと思う。

■交換留学

日本の多くの大学は交換留学制度をもっている。交換というのは、海外の協定校との間で、学生を留学生として交換するという意味だ。交換留学には予算が比較的少なくてすむことと、さまざまな「お膳立て」があるというメリットがある。交換留学生用の奨学金があったり、協定によってお互いの留学生の授業料が免除されたりする。お膳立てとは交換留学の場合、大学がいろいろなサポートをしてくれるということだ。

■留学の準備

留学の準備に一番に重要なのは「英語力」（非英語圏なら現地語）だ。英語の運用能力が低いまま留学すると、現地ではほとんど何もできない。現地の英語クラスに通う人もいるが、そこで勉強する内容には日本にいても勉強できる内容が多く含まれている。生活をするにも、身を守るためにも英語力はぜひ必要だ。

■留学生活とその先

交換留学では複数の学生が同じ大学に行くことがある。私は7名の学生と一緒だった。現地で、他の学生のご両親からは日本の食材やお菓子が段ボールで届いて、うらやましく思う時もあった。お金を節約していた私の家からは、どうしても必要な書類が小さな封筒で届くだけだった（1回だけ、昆布飴が数個同封されていた）。

私はカナダの安い食材を使い、日本の調味料がない中で日本の味に近い日本料理を作ってカナダの学生と堪能した。この技は日本の大学を卒業した後のアメリ

カでの生活で役に立った。

　私はカナダで、大学卒業後の進路をどうするか考え、海外で日本語を教える仕事に就こうと決めた。そしてアメリカの大学院に進学し、その後はアメリカの大学に日本語講師として就職した。

　大学院では日本語クラスのアシスタントの仕事をしながら研究生活を送った。大学院留学中は楽しいことばかりではなかった。金銭的に苦しかった私は、節約を余儀なくされた。1ドルで何枚も買える食パン1袋にピーナッツバターだけの3日間。セーター1着だけで数か月。やがてアシスタントとしての採用を勝ち取り、給料がもらえるようになった。やっと安心して2着目のセーターを買った。そこからは比較的スムーズになった。

■女子学生と留学

　私が留学したのはおよそ20年前だ。留学生は当時も今も女子の方が多い。この傾向は日本人でも同じだ。日本はかなり男女平等な国に見えるが、向上心が強く、可能性を試してみたい女性には目に見えない制約が多い。外国にも女性に対する制約は存在する。しかし外国人留学生は時には特別な扱いを受け、本国にいるよりもずっと自由な環境が与えられる。留学は男女の別なく大きな可能性を与えてくれるが、女子は普段から制約が大きいので男子学生よりもその恩恵を大きく感じると思う。

　海外生活は楽しい。自分が日本人であることを実感しながら、さまざまな国や人種の人たちと外国語で勉強や生活をするという経験は本当に貴重だ。同じ志をもって世界中から集まったさまざまな人たちと懸命に勉強し、生活すると、視野はおのずと広がる。広い視野は人生を豊かにする。

　留学は「ハイリスク、ハイリターン」だ。しかし、交換留学制度を活用すると、リスクが比較的低くなる。そして、努力次第でハイリターンを期待できる。

（伊藤美紀）

第 2 部　特徴ある授業の紹介

　第 2 部では 8 つの章で、個別的に具体的な授業科目を例に、特徴ある学習を通じて楽しい大学生活を送るための方法についてのヒントを解説する。ここでは専門的な学問の話というより、対話力、プレゼンテーション、英語、日本語、成績評価などといった専門の勉強をする際に知っておくと役立つさまざまな基礎知識や技能を実際の授業に則して紹介する。

　大学生にとっては授業以外の留学、就活、部活、アルバイトなどの活動も重要だ。授業と授業外の学生活動は別のものだが、同じ時間帯に両方をすることはできない。その時間を勉強に使うか、部活をするか、アルバイトをするかは悩ましい問題だ。自分が使える体力、気力、お金にも限りがある。

　各執筆者が自分の授業について、普通はわざわざ学生諸君には話さない授業の意義と目的、他の授業と比べた場合の特徴、自分の教え方や成績評価の方針、学ぶ楽しみ、学生が陥りやすい注意点などを、わかりやすく紹介する。

　どの授業も担当者の個性が反映されていて、まったく同じタイプの授業を他の大学では受講することはできない。しかし、各授業の基盤となっている受講生としての好ましい態度や、学生が身につけておくべき基礎的知識はどの大学の授業でも通用すると思う。学生の私生活に近い話題をより多く集めたコラム記事と合わせて読み、十分な心構えをした上で楽しい大学生活を送ってほしい。

第7章

大学で対話力を学ぶ

　この章では、対話の方法を学びながら実践も行い、対話力を身につける「話し合いトレーニング」という授業についてお話する。学生たち自身が考え、行動し、問題解決につなげていくようなタイプの学習は、教員の話を聞くだけの受動的な授業と区別して「アクティブ・ラーニング（能動的学習）」と呼ばれ、最近、とても重視されている。大学の伝統的な授業は講義形式だったが、1990年代から主に米国でより効果的な教育をめざす新しい試みがはじまった。アクティブ・ラーニングはその代表的な授業方法だ。日本の大学でも導入が進んでいるが、まだ主流ではない。アクティブ・ラーニングの考え方は自分で大学で勉強する際に大変役に立つ。

　ここで紹介する「話し合いトレーニング」はアクティブ・ラーニング型の授業だ。授業自体についても理解を深めてもらいたいが、まず、この授業が必要とされる社会的な背景やニーズを知っていただきたい。そこで、授業を紹介する前に、なぜ対話力が必要か、具体的に対話力とは何かについて丁寧に説明する。読みながら、ぜひ実際に自分の生活やこれまでの経験を思い起こしていただきたい。そうすれば、ここで得られたことが単に授業に役立つ知識でなく、知恵となって日常生活にも活きていくはずだ。

1. 対話をするということ

　あなたは、何かの問題について、友達が自分と異なる意見を言ったとき、
　　「そういう考え方もあるかもしれないけれど、○○さんの考え方と私
　　の考え方は違う。私は××について△△と考える」
と友達に言うことができるだろうか。「言えない」あるいは「言わない」と思う人は理由があるだろうか？
　　（友達の考えを否定したら、友達を傷つける）
　　（友達を批判するようなことを言ったら嫌われる）
　　（友達関係がギクシャクすると面倒だから）
そんなふうに考えるのかもしれない。では、先のような発言でなく、どのような応答をするだろう。自分とは異なる考えであるにもかかわらず、次のように答えるのではないだろうか。
　　「そうそう、私もそう思う」と簡単に話を合わせる。
　　「まぁ、それもアリかもしれないけど」と、明示的に否定はしないが、
　　それとなく異なる意見であるニュアンスを含ませる。
　　「っていうか、難しく考えなくてもいいんじゃない？」と話をはぐら
　　かして話を終わらせる。
　しかし、人間関係に無用な摩擦を起こしたくないと考えたうえでのこれらの言動は、摩擦を避けるどころか、「あの人は信用できない」と人に思わせる原因になってしまうのだ。なぜなら、あなたの住む世界が、生まれ育った街を出て国内の至る所、世界の至る所に移ったとき、自分の考えを明確にしない、曖昧な態度は、外側から見ると「何を考えているかわからない人」として映るからだ。
　高校あるいは大学までの人間関係は、自分で意識して広げようとしなければ、とてもシンプルだ。ほとんどの場合、自分に関わりのある大人は親や親戚や教員たち。同世代の人は部活やクラスの友達や先輩たち。自分の周囲の人間関係はほとんどこれらの人達が占めることになる。だから、自

分がどういう人間であるか、好きなこと嫌いなことは何か、どのように物事を考えるか、について身近な人たちはだいたい理解してくれている、と自分では思っている。また、身近な人たちのこともだいたいわかっている、と自分では思っている。あるいは、「どうせ自分のことなんて誰もわかってくれない」と心を閉ざしてうわべだけで人と付き合っている。それでも日常生活には支障がないのが現実だからだ。

　しかし、高校卒業後あるいは大学卒業後、"学校"という、同世代の、ある意味、似た者同士が集まった世界を出て仕事を始めるようになると、関わる人達はとても多様になる。口うるさいことを言いながらも自分のことを理解しようとしてくれる大人や話が合う友達だけでなく、さまざまな人たちと関わりが出てくる。異なる経験をしてきた人々、異なる価値観を持つ人々、異なる知識を持つ人々、異なる立場の人々、これらの人々とコミュニケーションしながら仕事を進めることになる。

　例えば、あなたが自動車を販売する営業の仕事についたとしよう。ある客に対して、「お客様には、この自動車などよろしいかと思いますが、いかがでしょうか？」と言った後で、客から、なぜあなたはこの自動車を自分に薦めるのか、この自動車は自分のニーズを十分に反映しているのか、そもそも自分のニーズをあなたは十分に把握しているのか、この自動車を買う目的を知っているのか、自分が通常どのくらいの距離をどのくらいの頻度で走るか知っているのか、自分の家族構成を知っているのか、どんなふうに利用するのか知っているのか、それら全部を知ったうえで、この車はどの点が優れているのか、自分にとってどのような点が効果的なのか、他にこの車に似ている車もあるのになぜ別の車でなくこの車を薦めるのか、などさまざまな質問を投げかけられたら、あなたはすべてに答える自信があるだろうか？　上記のような相手の状況を把握した上で薦めた場合であっても適切に答えることができるだろうか？

　今、仕事をしているすべての大人たちがこれらの質問に応えられるわけではないだろう。しかし、自分の仕事に責任を持つということ、自立した社会人として仕事をするということは、これらの質問に答えられること、

少なくとも答えようと準備しておくことなのだ。そして、このような質問は、客と直接仕事をしない人にとっても投げかけられ得るものだ。具体的には、営業担当でなく、企画、研究、開発、生産・製造、流通、広報、販売など、どのような分野の、どのような過程の仕事であっても問われる可能性があり、答える必要があるということだ。日本国内だけで仕事が完結することの少なくなった現代社会ではなおさらだ。外国人の客が何を言っているのか、何を求めているのかをよく聞いた上で、自分が何を相手に提供できるのか考え答える必要がある。

　自分の周囲にいる人や自分が行う活動が多様になるということは、コミュニケーションのしかたもそれに合わせて変化するということだ。だから、企業は採用試験に応募してくる学生に、もっと言えば、社会は大人社会の一員になろうとするあなたに、多様な状況に対応できるコミュニケーション能力を求めてくる。

　その証拠に、経団連によると、「新卒採用（2012年4月入社対象）に関するアンケート調査」の結果、大学等新卒者の採用選考時に企業が学生に求める能力の第1位は、9年連続コミュニケーション能力となっている[1]。経団連とは日本国内の代表的な企業や団体などから構成されている組織だ。経済界の重要課題に関する意見のとりまとめなどを行っている。この調査は経団連の会員企業を対象に実施し、582社からの回答によって得られた結果だ。ただし、この調査からは、企業が求めるコミュニケーション能力というのが具体的にどのようなものを指すのか不明である。そこで、次に"社会人基礎力"という考え方に注目し、コミュニケーション能力や対話力の具体的な要素について考えていきたい。

2. 社会人基礎力と対話力

　社会人基礎力は2006年に経済産業省が提唱したことばで、「職場や地域社会で多様な人々と仕事をしていくために必要な基礎的な力」と定義されている。それは前に踏み出す力、考え抜く力、チームで働く力という3つ

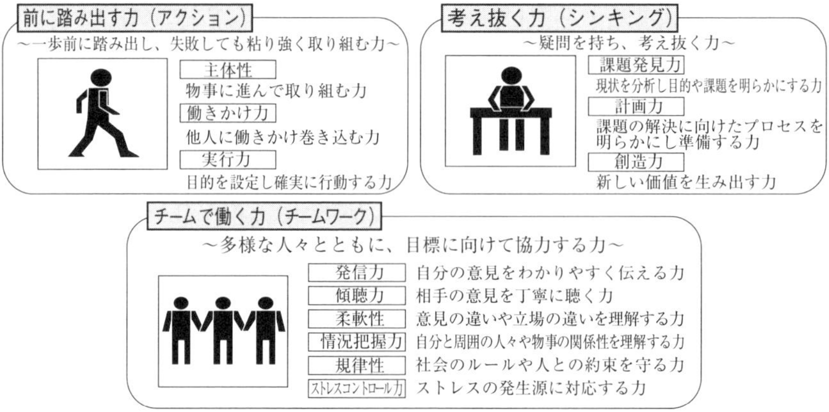

図7-1 社会人基礎力の3つの能力と12の要素

前に踏み出す力（アクション）
〜一歩前に踏み出し、失敗しても粘り強く取り組む力〜
- 主体性：物事に進んで取り組む力
- 働きかけ力：他人に働きかけ巻き込む力
- 実行力：目的を設定し確実に行動する力

考え抜く力（シンキング）
〜疑問を持ち、考え抜く力〜
- 課題発見力：現状を分析し目的や課題を明らかにする力
- 計画力：課題の解決に向けたプロセスを明らかにし準備する力
- 創造力：新しい価値を生み出す力

チームで働く力（チームワーク）
〜多様な人々とともに、目標に向けて協力する力〜
- 発信力：自分の意見をわかりやすく伝える力
- 傾聴力：相手の意見を丁寧に聴く力
- 柔軟性：意見の違いや立場の違いを理解する力
- 情況把握力：自分と周囲の人々や物事の関係性を理解する力
- 規律性：社会のルールや人との約束を守る力
- ストレスコントロール力：ストレスの発生源に対応する力

出典：経済産業省社会人基礎力HP

の能力から構成されている（図7-1）。さらに、それぞれの能力を構成する具体的な能力が12個の要素として示されている。

　社会人基礎力という概念は、社会人として求められている能力が簡潔にわかりやすくまとまっている。とはいえ、私は「政府や企業に望まれる人間になるべきだ」と主張する意図はまったくない。また、みんながみんな社会人基礎力を身につけて画一的に同じような考え方や行動をする必要もないと考える。しかし、一方で、社会人基礎力によって示されている能力や性質を、10代、20代の若い人達が、自分の意志で、自分のために身につけようとすることはとても大事なことだと思う。なぜなら、12の要素として示されている能力や性質の一つひとつは、多く持つほど社会で生きていく上で、自分の選択肢を増やすことになるからだ。

　社会人基礎力にはコミュニケーション能力ということばが見られない。しかし、それは必要がないという意味ではない。むしろ、12の要素の個々の能力や性質を見ると、コミュニケーション能力や対話力を非常に重視していることがわかる。ここではとくにチームで働く力に注目してみよう。チームで働く力は次の6個の能力と性質から成り立っている。

・発信力：自分の意見をわかりやすく伝える力

・傾聴力：相手の意見を丁寧に聴く力
・柔軟性：意見の違いや立場の違いを理解する力
・情況把握力：自分と周囲の人々や物事の関係性を理解する力
・規律性：社会のルールや人との約束を守る力
・ストレスコントロール力：ストレスの発生源に対応する力

　発信力と傾聴力は、話す・聴くというコミュニケーションの基本要素に関する能力だ。基本といっても簡単という意味ではない。欧米と比べ日本では、話すため・聴くための知識と技術について学ぶ機会が多くない。小学生のころから話す機会・聴く機会はあっても、どのような方法があるか、具体的に留意すべき事項は何かについてはほとんど知るチャンスがない。

　柔軟性とはまさに多様な価値観や考えを認め受容する力だ。この力がなくては、異なる経験をしてきた、異なる価値観や知識を持つ、異なる立場の多様な人々と対話することなどできない。先入観や偏見、こだわりを取り除くことが重要だ。

　情況把握力は、今、相手と自分がどのようなやりとりをしているのかを客観的に見ることのできる力だ。会議のように対話の場に人が複数いる場合は非常に難しい。しかし、今どのようなテーマについて、誰がどのような立場で何を問題としているのか、その問題について他の人はどう考えているのか、具体的にどのような意見が出ているのかなどを整理することは非常に重要だ。

　規律性がコミュニケーションや対話とどのように結びつくのかイメージがわきにくいかもしれない。しかし、対話の場で、これまでにもあなたたちは十分ルールを守った話し合いを、つまり、規律ある話し合いをしているはずだ。例えば、人が話しているのに最後まで聞かずに自分の言いたいことを言う人がいたら失礼な行為だと感じるだろう。うっかり自分がやってしまうこともあるかもしれないが、好ましいことでないことは知っているだろう。「自分の発言は人の発言が終わってからする」。単純なことだが、これも人と人とが対話をするときの規律だ。

　人と話をすることが苦手だと感じる人の多くは、人とのコミュニケー

ションや対話におけるストレスを感じているのかもしれない。対話の場のストレスをコントロールするにも複数の方法がある。一例として、意見と人格を区別するという意識を持つ方法だ。誰でも自分が完全だとは思わないだろうが、それでも人に自分の考えや意見を否定されるのは気分が良くないものだ。それは多くの場合、意見でなく自分が否定や批判をされたように受け取るからだ。自分が人の意見に対して反論や批判をする場合にも同じだ。あくまで意見や考えについて反論、批判、否定をするのであって、相手の人格を否定しているのではないと意識することが重要だ。

これらの能力が身につくように設計されたのが「話し合いトレーニング」という授業だ。

3. 対話の方法を学ぶ授業「話し合いトレーニング」

「話し合いトレーニング」の授業は、別名「自律型対話プログラム」とも呼ばれている。この本では自律型対話については詳しく説明しないので、興味・関心を持った人は参考文献[2]を読んでもらいたい。

（1） 授業の概要

「話し合いトレーニング」は、さまざまな大学や研究機関の研究者が協力して研究・開発し、設計した授業プログラムだ。芝浦工業大学、愛媛大学、関西学院大学、ATR国際通信研究所、大阪電気通信大学が中心となり、その他、室蘭工業大学、大阪大学、城西大学、龍谷大学、日本大学、筑波大学、福井大学などさまざまな大学が協力をしてくださった。したがって、公立はこだて未来大学以外でも受講する機会があるかもしれない。

公立はこだて未来大学では2014年現在「言語と社会」という教養科目で受講することができるが、他の大学では科目名は違うことが多い。「言語技術演習」「言語技術論」「コミュニケーション演習」「コミュニケーション論」「リテラシー入門」「リテラシー演習」などさまざまな科目名がある。

他にも「社会技術」「社会リテラシー」「情報リテラシー」などさまざまなキーワードが含まれる可能性がある。では、公立はこだて未来大学で実施される「言語と社会」での「話し合いトレーニング」でどのようなことをやるのか具体的に見ていこう。

この授業は1年生から4年生まで、どの専門コースに所属していても選択することができる教養選択科目だ。次頁図7-2のモデル・シラバスに示すように、1週間ごとの半期14回の授業が3つの部にわかれている。1つめは、フィッシュボウル形式（後述）によるグループディスカッション練習の部で、これはコミュニケーションの基礎力を養うために行う。この部分での活動の中心はおもに学生自身による話すこと、聞くこと、調べること等の実践だ。2つめは、講義などにより自分たちが行ったディスカッション実践の意味を考えるための座学と、養った基礎力を応用する「ワールドカフェ」という実践の部から成り立っている。3つめが発表の部だ。ワールドカフェの成果としてグループで話し合った結果をポスターにまとめ発表する。この本では、授業の中核部分に相当するフィッシュボウル形式のグループディスカッションについて後で詳しく説明する。

もともとの話し合いトレーニングでは、20〜40名の学生を対象に行っていたが、公立はこだて未来大学では100〜150名の学生が受講している。授業も大教室だけでなく、写真7-1の授業風景に見られるように体育館でも行うことがある。対話力を養うには対話の方法や、対話に関わる歴史や知識を学ぶことは重要だが、やはり、訓練がいちばん重要だ。とにかく何度でも試してみることが大切なのだ！

この授業には、授業全体を通して受講生全員が守る次の3つのルールがある。

① グループに貢献するようにする。
② 人を傷つけるような言動を避ける。
③ 個人の人格と意見を切り離す（言うほうも言われたほうも）。

話し合いの過程で人を傷つけるようなことを言わないのは当然だが、それは反論や批判をしないということではない。むしろ、個々の意見を批判

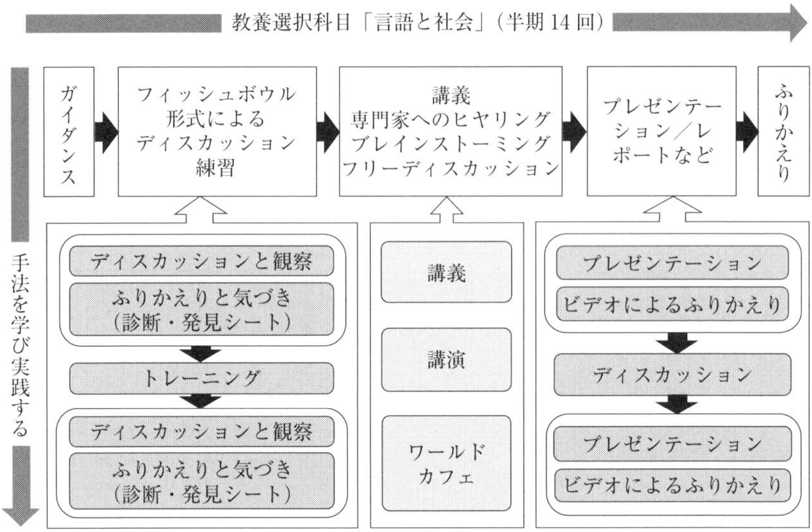

92　第2部　特徴ある授業の紹介

教養選択科目「言語と社会」（半期14回）

回	種別	内容
1	講義	ガイダンス
2	講義	話し合いの重要性
3	演習	ディスカッション体験とふりかえり（1）
4	演習	ディスカッション体験とふりかえり（2）
5	演習	話し合いの理論と技術（1）
6	講義	コミュニケーション・スキルとトレーニング
7	演習	ディスカッション体験とふりかえり（3）
8	演習	ディスカッション体験とふりかえり（4）
9	講義	話し合いの理論と技術（2）
10	演習	公開型フィッシュボウル
11	講義・演習	ワールドカフェ（プレゼン準備）（1）
12	講義・演習	ワールドカフェ（プレゼン準備）（2）
13	演習	ポスターセッション
14	講義・演習	授業のふりかえり

図7-2　話し合いトレーニングのモデル・シラバス

写真7-1 話し合いトレーニングのディスカッションの様子
出典：筆者撮影

し合わなければ、考えは磨かれないので、反論や批判をしないことは、結果的にグループへの貢献とは逆の成果を生むことになる。個人の人格と意見を切り離すというルールについては、社会人基礎力のストレスコントロール力でも述べたとおりだ。このルールは、ストレスをコントロールするのに必要なだけでなく話し合いを有意義に進めるためにも重要だ。

（2）フィッシュボウル形式のディスカッションによる基礎力の育成

話し合いトレーニングの最初のディスカッションは、フィッシュボウル（金魚鉢）形式で行う。金魚鉢の中の金魚を観察するように、ディスカッションをしているグループを別のグループが観察する。ディスカッション後に、お互いに気づいたこと、感じたこと、問題点などを挙げながら、改善方法について検討する。ディスカッションをするグループと観察グルー

プは、次回の授業では役割を交替する。

　1つのグループは4～6名のため、両グループがそろって話し合う際には10名前後になる。この大人数での話し合いは難しい点もあるが、自分がディスカッションしているときの様子を自分で見る機会がなかなかないため、自分たちのディスカッションについて意見をもらえる貴重な機会だ。グループが少なければ、ビデオを撮っておくことができるが、10～20グループあるとビデオ収録は難しいため、自分たちのディスカッションの問題点を把握するにはフィッシュボウルは良い方法だ。

　ディスカッションのテーマは多様だが、"正解がない"問題を対象とすることが多い。例えば、次の文章を読んでみよう。

　　　小型船の運航を仕事としているサリーのもとに、12人が乗っていた別の船が転覆したためSOSのメッセージが入った。その救助に向かおうとしたところ、もうひとつのメッセージが。それはサリーの夫が乗った釣り船の沈没の連絡だった。12人がおぼれている場所と夫の釣り船の場所は離れていて、両者を同時に助けることはできない。また、SOSの遭難信号はサリーの船以外は受信していなかった。とにかく、助けに行かなければならない。だが、どちらかに向かってしまったら、もう一方は助からない。そんな極限の状況に陥ったら、あなたならどうするか。

　これは、ジュリアン・バジーニ著、向井和美訳の『100の思考実験』に収められた「家族が第一」のストーリーを簡単にまとめたものだ[3]。この本には、このような極限の状態での人の行動が書かれた話が100件掲載されている。どの話にも正解は書かれていない。読み手の価値観によってさまざまな考え方ができるので、そもそも正解というものが存在しないのだ。著者の考えも示されていない。「さて、あなたならどう考える？　そして、どうする？」どの話もそんなふうに問いかけている。

　このようなテーマについて、グループで自分の考えを述べながら、他者の考えを聞き、話し合いながらグループとしてひとつの考え方を決める。できるだけ多数決などではなく、異なる考え方の人同士がそれぞれ「なぜ自分はそう思うのか」を語り、その理由や根拠とともに納得できる考え

方をグループで選択するのだ。

　観察グループは、ディスカッションをしていたグループの話の内容や結論に対しては意見を言わない。言うのは、話し合いの進め方についてだ。話し合いの進め方については観察のポイントがないと難しいため、表7-1に示したような話し合いの評価指標を提示し、これについて、それぞれ「よくできている点」「改善したほうが良い点」を挙げるようにしている。それらをもとに、ディスカッション後、話し合いをしたグループと観察したグループとが共にディスカッションをふりかえるのだ。

表7-1　話し合いの評価指標

評価指標	評価の観点
誠実な参加態度	自分の意見をしっかり伝え、人の発言をしっかり聞けたか
対等な関係性	全員が対等に議論に参加したか
議論の活発さ	議論は活発だったか
意見の多様さ	いろいろな意見が出ていたか
議論の深まり	一つ一つの意見が充分に検討されていたか
議論の管理	議論の流れがしっかりコントロールされていたか
意見の積み上げ	結論に向かって一つ一つの意見が積み上げられていたか

出典：大塚裕子・森本郁代（編著）『話し合いトレーニング ― 伝える力・聴く力・問う力を育てる自律型対話入門 ― 』ナカニシヤ出版、2011年。

　この授業ではフィッシュボウル形式のディスカッションを少なくとも2回経験する。2度のフィッシュボウル・ディスカッションの間に、学生たちは話し合いの理論や方法、技術についての講義を受ける。対話力を身につけるには何度も実践的に訓練することがもっとも重要だが、講義のような座学も同様に重要だ。座学で得た知識は、フィッシュボウル・ディスカッションの後のグループ合同のふりかえりで問題点や改善方法を検討する際にも検討の土台となるからだ。

4. 大学で対話力を養う意義

　対話力が社会人に求められる能力であることはこれまでにも述べてきたが、それは大学生活を送る上でも重要な力だ。ゼミやサークルでの活動でディスカッションの機会は高校までに比べて非常に多くなる。また、人と議論をするということは学問の上でも重要なことだ。異なるものの見方、考え方をぶつけ合うことで、新しい視野が開ける。そのためにも、なれ合いやケンカでない適切な話し合い方を学び、実践できるようにする必要がある。

　「話し合いトレーニング」のようなアクティブ・ラーニング型の授業で必須なのは、受講生である学生の自主性と積極性だ。受け身の姿勢で話を聞いているだけでは、あるいは指示されるまで動けないようでは、いくら授業に出席していても知識や技術は身につかない。大学の授業で重要なのは先生の話ではない。話によって得た知識をもとに、学生自身が調べること、考えること、質問すること、議論すること、学んだ方法を試してみること、あるいは授業で話を聞く前にそのような準備をしておくこと、そういう活動を自分自身で積み重ねること、それがもっとも重要なのだ。

（大塚裕子）

注
1) 日本経済団体連合会、新卒採用（2012年4月入社対象）に関するアンケート調査結果の概要、一般社団法人日本経済団体会 http://www.keidanren.or.jp/policy/2012/058.html2012（2014年2月現在）、2012年。
2) 大塚裕子・森本郁代『話し合いトレーニング ― 伝える力・聴く力・問う力を育てる自律型対話入門 ―』ナカニシヤ出版、2011年。森本郁代・大塚裕子『自律型対話プログラムの開発と実践』ナカニシヤ出版、2012年。
3) ジュリアン・バジーニ著、向井和美訳『100の思考実験　あなたはどこまで考えられるか』紀伊国屋書店、2012年。

> コラム7　学生料理のすすめ ―― 未来の自分の身体のために

■学生と食事

　大学の窓口・掲示板には、学生生活にかかわるありとあらゆる注意事項が掲示されているようにみえる。しかし、大学から「注意」が出ない重要な生活情報がある。学生らしい食事の仕方だ。かりにあったとしても、小学校の頃から言われてきたようなおはなし「暴飲暴食をせず健康維持に努めよう」という程度に留まる。飲酒のような健康被害にかかわるものは別だ。しかし、大学は、個人の選択にかかわる「食べること」に関しては、中身に立ち入って、「これがいいあれがわるい」などと言うほどお節介ではない。

　ちゃんと食べることは社会を生きるための基本素養である。しかし残念なことに、学生時代にそれを身につけずに社会に出てしまい、忙しさに紛れ身体を壊し、それがもとでこころを痛める人がいる。なので、ちょっとお節介を焼こうと思う。

■料理は知的活動

　あなたたちは「暴飲暴食禁止」「バランス良い規則正しい食事」「朝食は食べよう」「規則正しい食事」「おやつはほどほどに」…と言われると、「ああ、もういい！うるさい、耳にタコできた」といって腹を立てるかもしれない。そう、わたしも耳タコだ。しかし、このような忠告はまったく正しい。でも守れない。食事は学生にとって大問題なのだ。

　ダイエットも食事の問題だ。試みては「でも食べちゃうんだよなあ」というあなた、そう、なかなか食事習慣は直らない。大学生になると、食べることの誘惑は格段に多くなる。まずお金に余裕がでる。夜、外食しても咎められない。サークル、バイト先の先輩から誘われる。いままで以上に健康維持もダイエットもできなくなるではないか、さてどうする。

　健康維持でもダイエットでも、大人っぽい視点で努力をするのがいい。料理作りに挑戦することだ。高校生までは家で出てくるものを食べていればよかった。自分で作らなければあなたはホントウの意味で「食事」を経験していないのだ。

　現代社会は外食・中食（購入した料理を家で食べる）社会だ。家庭でも食材（素材）から時間をかけて料理することは減ってきている。料理をする時間を減らし、加えて睡眠時間を減らし、その分、仕事と遊びとつきあいに時間をあてる、というのが近年の傾向だ。そんな中で身体が疲弊し、20歳のころには感じなかった疲れが30歳になって襲ってくる。18歳のあなたも、大学を出たらあっという間に30歳になるのだ。未来の自分の身体を守るために、学生料理をすすめたい。大学生には、料理が相応しい。理由は二つある。

第一は、時間の余裕があることだ。社会にでると、弁当をつくり朝食夕食を整えるなどという余裕が無くなっていく。その点、学生は時間がある。バイトやサークルや課題で忙しいとしても、多くの学生の「忙しさ」は残業サラリーマンの比ではない。

　食材を買い、ご飯を炊き、包丁を握り、出汁をとり、煮たり、焼いたり。いただきます。よく食べ、ごちそうさま。残り物で明日の朝食を整え、あとかたづけをして、コーヒーを飲み、ほっと一息。さて、どれくらい時間がかかるだろうか？　はじめは、すごく時間がかかるはず。失敗作も多数、まずいが食べる。要領とコツをつかんでくると「自分のペース」自身が速度アップしているのがわかる。速度アップすればその分を他の楽しみにあてればいい。

　料理を通じて「若い頃」の生活ペースを把握しておこう。そうすれば、未来の自分に役に立つ。寝る時間も足らず疲れてへとへと、自炊する力など残っていない。そんな時、「明日の休みに買い出しにいって来週は自炊する計画でもたててみるか…外食ばっかりだもんなあ。食事時間も乱れてるし。このままじゃ身体もたない」と身体があなたの方に訴えてくれるはずだ。疲れた生活にリセットをかけるきっかけを、今の身体に染みこませておこう。

　学生料理の第二の利点は「料理」という身近な経験を通じて、人と社会を理解できる、ということだ。いかにも知的生活を営むべき大学生らしい利点である。食品表示擬装、食材汚染、ジャンクフードの罪、肥満と拒食症、こどもの体力低下、添加物問題、減反廃止、TPP、アフリカの飢餓等々、「食」をめぐるニュースは毎日のように流れる。それらはメディアの中の出来事ではない。素材はすべて、あなたの台所と身体の中にある。

　食材を買えば食品表示、原産地表示、添加物表示のありかた（とその曖昧さ）もわかる。小売値から考えて中食・外食の食べ物のありようがわかる。食材の栄養素は、あなたが体育会系のサークルにいるのならトレーニングにとって大切なテーマなはずだ。ダイエットしたい人は無理のない食事を探求できる。入学したころ通っていた近所の地元スーパーが消え、卒業のころには大型チェーン店になっていることもある。そこから日本の流通はどうなるのか？　まで思い致すのもいい。

■料理とは理（ことわり）を料（はか）ること
　理（ことわり）とは「物事の道理」、料（はか）るとは「計る」「おさめる」で、料理とは「物事をうまく処理すること」という意味だ。それは人間と社会にとって必要不可欠の食べ物のありかたを理解し、「おいしさ」と「安全」を人の身体に無理なく受け渡すことだ。知識と知恵が詰まった大人っぽい営みだ。だから、入学祝いに、包丁とまな板と鍋とフライパンが欲しい、というのは、ちょっといいかもしれないよ。

（吉井　明）

第8章

わかりやすい成績評価法
—— 理系科目を例に

1. 大学の「単位」とは？

　小中高校と同じく大学でも成績評価が行われる。いまのところ、大学の学業成績は就職には直結しない。成績が悪いという理由で就活に失敗することはない。しかし大学では成績を基準に留学、奨学金、授業料免除を決めるし、良い成績は大学生活がうまくいっている証拠なので、誰でも良い成績をとりたいと思っている。

　大学の成績評価法は小中高校とは異なる点が多く、また大学によっても、授業によっても異なる。まず基本を説明しよう。

　学期末になると、「単位をとった」や「単位を落とした」などといった大学生たちの会話をよく耳にする。単位とは、学生が学修した時間により決定される学修量のことであり、英語で履修証明を意味するcredit（クレジット）と書く。学修とは「学問を学び修めること」（『広辞苑』）という意味で、大学設置基準の単位の定義に書いてあるが、今はあまり使わない言葉だ。学習と同じ意味と考えて差し支えない。単位は学問を学んだ証明として与えられるものだ。

　大学で開設されている授業には、講義、演習、実験、実習、実技などの形式があり、すべてに1科目あたりの単位数が定められている。学生は授業に参加し、課題をこなし、試験を受けて合格すれば、単位がもらえる。こうして獲得した単位数の合計が卒業に必要な数に達すれば、学位が与えられ卒業となる。

ちなみに私の勤務校では卒業単位は124で、1科目2単位換算だと62科目に合格しなければならない。大学4年目は就活や卒業研究に時間をとられるので、3年間で必要な単位数の大部分をとる計画を立てると、1学期あたり20単位、つまり10科目になる。1日平均2科目しかない計算になるので、小中高校の感覚では楽に見えるだろう。しかし実際には学生は授業以外にもやることがたくさんあり、予習復習に時間をとられる科目も多いから、かなり忙しい。

　単位数は勤労者の労働時間の数え方と同じく、時間数をもとに計算される。1単位に相当するのは何時間なのだろうか。大学設置基準第21条第2項を見てみると、「1単位の授業科目を45時間の学修を必要とする内容をもって構成することを標準とする」と定められている。昔は1週間あたりの労働時間は45時間で、これを大学の1単位時間（one credit hour）としたのだ。この時間数は学生が学習する総時間数であり、教室での授業時間だけではなく、自学自習の時間も含まれる。授業時間数は授業形式によって異なる。

　講義形式の授業では、1科目2単位くくりの授業が多い。その場合、学生は90時間の学習が必要だ。大学設置基準では表8-1に示すように、90時間のうち、30時間を教室での授業で、残りの60時間は予習や復習などの自習で学ぶことになっている。1学期を15週とすると、1週あたりの学修時間数は6時間で、そのうち2時間は授業に、4時間は自学自習に当てられる。つまり教室で授業を受けても、学習時間の3分の1にすぎない。講義科目では授業で3分の1、授業外で3分の2の時間を勉強しなければ

表8-1　講義（2単位）の学修時間

学修形態	1学期（15週）の学修時間数	1週あたりの学修時間数	割合
教室内の授業	30時間	2時間	33%
教室外の自習（予習・復習等）	60時間	4時間	67%
計	90時間	6時間	100%

単位がとれないような分量の内容を教える仕組みになっている。大学では自分で行う勉強が重要であることがわかるだろう。

　学修時間数について日本の特殊事情を知っておこう。日本の多くの大学では単位計算上の1時間を実時間で1時間以下に決めている。私の勤務校では45分間だ。だから2単位の講義科目の授業時間（1コマ）は90分間だ。表8-1の1学期での教室内の授業時間数は、実際は22.5時間で、75%しかない。このような目減りは日本国内だけを見ればどこも似たような運用をしている。

　大学卒という資格（学士）は就職の際の世界共通の上級学歴としてどこでも通用する。単位という概念も世界中の大学で共通だ。日本の大学設置基準の単位の数え方もほぼ世界的な標準に合っている。しかし運用上、質の劣った教育が行われているのが日本の大学だ。

　米国の大学では、1単位の講義科目の授業時間は60分間、2単位の授業は120分間、3単位の授業は90分授業が週2回など、きっちり実施されている。日本の大学教育の仕組みの劣化に対しては、今後、文部科学省や学長の適切な対応を待つしかない。今、あなたたちにできることは、外国の大学生に比べて、自分たちは25%だけ少ない授業時間で勉強していることを自覚し、自習に力を入れ、グローバルな競争に負けないように努力することだ。

2. 単位をとるためには？

　単位をとるには学生は授業に出席し、課題をこなし、試験を受けて合格しなければならない。では、どうすれば合格できるのか。例えば試験のある資格に挑戦したとしよう。合格するためには試験の成績が合格基準を超える必要がある。合格基準が公開されていれば、試験対策もしやすい。

　大学の授業の評価方法と合格基準は授業担当教員が独自に決めることが多い。だから授業によって多種多様だ。ペーパーテストによる学力検査を行う授業もあれば、プレゼンテーションの上手下手で成績をつける授業も

ある。提出したレポートで評価する授業もあるし、出席状況だけで評価する、つまり出席していれば合格できる授業もある。これらを組み合わせて評価する授業もある。

　評価方法がこんなにも多様なら、学生は混乱してしまう。授業ごとに対応を変えなければならないのだ。対応を間違えると合格できない恐れもある。これはとても面倒だ。だからどの授業でも、評価方法は受講科目を選ぶ前にぜひ知っておかなければならない。

　大学設置基準第25条の2第2項には、「大学は、学修の成果に係る評価及び卒業の認定に当たっては、客観性及び厳格性を確保するため、学生に対してその基準をあらかじめ明示するとともに、当該基準にしたがって適切に行うものとする」とある。つまり成績評価基準を明示することが定められている。

　大学は「シラバス」というもので評価方法および合格基準を明示する。シラバス（syllabus）とは、講義実施要綱、つまり授業計画のことだ。通常は授業を担当する教員が作成する。シラバスには、学習目的、到達目標、授業概要、授業計画、評価方法、使用テキスト、参考文献などが書かれている。

　米国では、シラバスは教員と学生の契約と理解されている。日本の大学では授業の到達目標や毎回の授業の計画を事前に学生に示す伝統などなかった。ところが1990年代以降、社会的に大学教育の質の保証や質の向上が求められるようになり、米国のシラバスの仕組みが日本の大学に持ち込まれるようになったのだ。

　シラバスの役割や記載項目は世界中の大学で同じであるわけではない。米国の大学ではシラバスがあるのは一般的だが、ヨーロッパではそうではない。シラバスがあっても中身は異なる。日本の大学のシラバスは単なる授業計画や科目の紹介になっている場合もある。

　私はシラバスを重視している。シラバスの中でも成績評価欄は、単位認定の重要項目だ。成績評価は単なる学力評価ではない。到達目標への受講者の到達度の評価だ。現代の大学教育では、評価基準を明示することと、

いろいろな方法を組み合わせた成績評価をすることが求められている。ところが現実にはシラバスに成績評価基準を明示していない教員、シラバスと異なる評価をしている教員、期末のペーパー試験1回で評価している教員などもいる。その理由はさまざまだが、これでは学生がどうすれば合格できるかわからない。場合によっては、教員と学生の間でトラブルの原因にもなる。だからシラバスで成績評価方法と合格基準を示すことは重要だ。

3. わかりやすい成績評価方法

　私は学生が自分の学修成果を理解し、納得できる成績評価の方法を実施している。ここでは講義形式の理系科目の成績評価方法の例を紹介しよう。私の勤務校の選択科目として開設されている「資源とエネルギー」という科目だ。

　「資源とエネルギー」の授業内容はエネルギーに関する物理学の入門講義だ。この授業では、身近な自然のしくみや自然科学用語などを基礎からわかりやすく解説しながら、エネルギーとは何なのかについて理解を深める講義をしている。受講生は例年40名程度で、その大半が自然科学を専攻する1年生だ。

　この授業の評価方法には2つの方針がある。一つはすべてを数値化することで、もう一つは採点の透明性を確保することだ。

　まず、評価の数値化について紹介しよう。「資源とエネルギー」のシラバスの成績評価欄には以下のように記載されている。

成績評価	出席（40％／参加態度：課題＝4：6）および試験（60％）を得点化し、評価する。得点率が60％未満の場合、不合格とする。 評定：A(100-90)／B(89-80)／C(79-70)／D(69-60)／F＊(59-40)／F(39-0)

　得点化するときの配点について、もう少し詳しく見てみよう。評価項目と配点割合を表8-2にまとめる。

表 8-2　評価項目と配点割合

評価項目	評価項目の内訳	配点割合
出席 （40%）	授業への参加態度	16%
	レポート課題	24%
試験 （60%）	中間テスト（臨時試験）	30%
	期末テスト（定期試験）	30%
計		100%

　シラバスに掲載されている評価項目は出席と試験の2つだ。出席と試験の配点割合は、それぞれ40%と60%に設定している。これらの合算が得点率として算出され、受講生の評価に使われる。私の勤務校の場合、評定A、B、C、Dを合格、F＊およびFを不合格（F＊は再試験を受験し、合格すればDとなる評価）としている。D以上で合格なので、「資源とエネルギー」の単位がほしければ、60%以上の得点率が必要だ。配点割合を見ると、試験の結果が良ければ合格できるので、極論を言えば、出席しなくても単位がもらえる仕組みだ。

　私は授業の初回にシラバスを配って、この授業の成績評価方法について丁寧に説明している。私は、「試験さえできれば単位をとれるよ」と説明しているが、最近の学生の多くは、試験のみで評価されるのはリスクが高いと考えるようで、出席点を得ようとしてまじめに授業に出てくる。

　では、出席に関する評価方法について、表8-3を見ながらもう少し詳しく見てみよう。

　出席の評価項目は「授業への参加態度」と「レポート課題」の2つだ。まず授業への参加態度について説明しよう。参加態度と言っても、私語を

表 8-3　授業1回あたりの出席に関する評価の内訳

評価項目	1回あたりの最高配点	減点事項
授業への参加態度	4点（40%）	遅刻で2点減点
レポート課題	6点（60%）	不正解で減点
計	10点（100%）	

せずに行儀よく受講していることを評価しているわけではない。ここでの参加態度とは、90分間の授業に出席したことを客観的に評価しているだけだ。授業の初めから終わりまで参加した学生は1回あたり4点が加点される。

　高校生からすると、授業に出席することは当たり前のことで、評価の対象にするのかと不思議に思う人もいるだろう。参加態度が出席評価の40%を占めているので、甘い評価ではないかと思う人もいるだろう。しかし参加態度の配点は全体の16%で、15週ある授業のうち、1回あたりの加点は全体の1%程度にすぎない。したがって、甘い評価ではないし、15週すべての授業に参加したとしても合格できるわけではない。参加態度への加点は学生の学ぶ意欲を評価しているのだ。実際、10分以上の遅刻や途中退席をすると半分の2点しかもらえないし、欠席すれば0点だ。学生は「出席は得点を稼ぎやすい」と考えるようで、この授業への出席率は極めて高いし、遅刻などもほとんどない。

　最近の学生は学力のみならず出席も評価されたいようだ。「遅刻が多い」「授業中に私語が多い」と悩んでいる教員は少なくないが、参加態度を評価対象にしている「資源とエネルギー」の授業では、多くの学生は（この授業のときだけかもしれないが）遅刻も私語もしない優等生だ。

　さて、出席評価における参加態度とレポート課題の配点は妥当かどうか見てみよう。表8-1に示したとおり、講義形式では教室での授業と自学自習の学修時間数は、それぞれ全体の3分の1と3分の2の割合だ。この割合と「資源とエネルギー」における参加態度への加点とレポートの配点の割合をほぼ等しくしてある。私は重みづけの配分としては妥当と考えている。

　次に、自習に相当するレポート課題について紹介しよう。出題したレポート課題の例を図8-1に示す。各回の授業ごとに出される課題は授業内容に沿っており、表8-1に示した自習に必要な時間に適切な質と量になっている。課題は学内専用のサーバーに事前に掲載してあるので、学生の予習・復習に役立つようにしてある。

106　第2部　特徴ある授業の紹介

　　　　　　　資源とエネルギー　　第6回講義レポート　2013/11/20
　レポート様式　　：A4サイズ用紙使用。複数頁の場合、左上をホチキス留め。
　レポート提出場所：2号館2階　松浦研究室（2-215室）前のBox
　レポート提出締切：2013/11/22　13:00

1. ヘルムホルツの自由エネルギーとギブスの自由エネルギーの違いについて、関係式を含めて科学的に説明せよ。
2. 下の表は系と外界の間で起こり得る移動をまとめたものである。以下の問いに答えなさい。

系の種類	物質	熱①	仕事②
開放系	(a)	(b)	(c)
閉鎖系	(d)	(e)	(f)
弧立系	(g)	(h)	(i)

問1　空欄（a）～（i）に系と外界の間でやり取りが可能なものに○、不可能なものに×をそれぞれ記入せよ。
問2　熱力学第二法則が成り立つ系の種類を上の表から選びなさい。
問3　下線部①の熱の定義を説明せよ。
問4　下線部②の仕事の定義を説明せよ。

図8-1　出題されるレポート課題の例

　授業内容を忘れないうちに自習するように、レポート課題の提出期限は短く（原則、授業日の2日後13時まで）設定してある。課題を全問正解すると1回あたり6点が加点される。参加態度とレポート課題をあわせて10点を最高点に、各回の出席を評価している。
　出席や課題を組み合わせた指導や評価を行っている教員は他にもいるだろう。この仕組みの最大の特徴はその評価結果を学生本人に毎回公表していることだ。私の周囲にはこのような指導を行っている教員はいない。これは効果がある。
　学生は授業がはじまる前に、自分の「講義を振り返って」という用紙を毎回受け取る。「講義を振り返って」には15週分の欄があり、学生は授業終了時に、その回の講義を受けたことによる「自己成長」を記載し、提出

する。実際の「講義を振り返って」の記入例を図8-2に示す。自己成長とは自らの努力で成長していくことである。学生たちは講義を受けたことによって、自分はどのように成長しようとしたか、今後どのように成長していこうとしているのかを自らの言葉で表現する。参加態度を高めるためにも効果的だ。

　授業を欠席した場合は記載がないため、「講義を振り返って」は出席確認の役目もする。左の余白部分に注目してほしい。数字や「レポートなし」の記載がある。これは出席に関する評価結果を示している。数字は表8-3に示した配点にもとづく合計点だ。「レポートなし」はレポート課題の提出がなかったことを本人に知らせている。例えば、授業に参加したものの、レポート課題を提出しなかった場合、「レポートなし」および「4」と記載されている。授業参加およびレポート課題を提出したが、課題が2

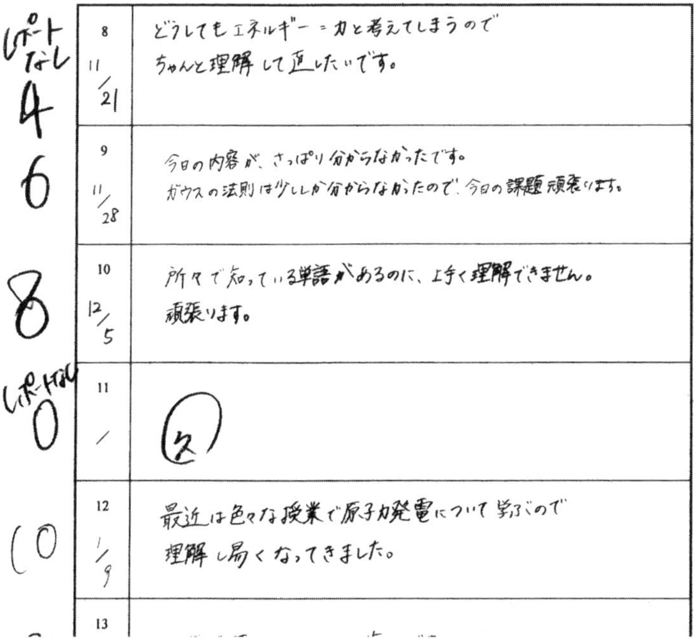

図8-2　「講義を振り返って」の記入例

問不正解であった場合は、「8」と記載されている。学生からの提出物は評価の証拠となるので、この授業では返却しないが、本人からの申し出があれば、採点したレポートは閲覧可能だ。学生はオフィスアワーを利用して、私の研究室を訪問し、自分の誤答箇所などを確認している。このように、採点の透明性を確保することで、学生は自分の出席に関する評価結果をその都度把握することができる。

　最後に試験の評価方法について紹介しよう。「資源とエネルギー」では、「中間テスト（臨時試験）」と「期末テスト（定期試験）」の2回の筆記による学力検査を行っている。中間テストと期末テストの出題範囲は、それぞれ授業1～7週と8～15週で学んだ内容だ。両テストの合算は全体評価の60%となる。テスト形式ではないが、上述のレポート課題も学力検査に相当するので、「資源とエネルギー」の学力検査に関する配点は84%を占める。ゆえに、この授業はしっかりと学習しなければ単位を認定されないということがわかるだろう。

　採点の透明性は試験でも確保されている。定期試験を含むすべての評価結果は、図8-3に示すような掲示を掲示板に張り出して学生に公表しているのだ。ただし、プライバシーに配慮して、氏名や学生番号などは明記していないが、試験の際に指定された座席位置と所属分野を見れば、学生は自分の試験結果を把握できる。「講義を振り返って」で自分の出席点もわかっているから、自分の結果は一目瞭然だ。

　定期試験終了後、出席と試験の結果を40%と60%の割合で合算して、得点率を算出する。この値に応じて、学生の成績が決定され、数値的根拠と共に公表される。ここまで詳細な成績根拠を公表する大学の授業は極めて珍しいだろう。このように、「資源とエネルギー」の成績評価方法は、すべてを数値化しているとともに、採点の透明性を確保しているのだ。

第8章 わかりやすい成績評価法——理系科目を例に　*109*

【資源とエネルギー】46名（担当教員：松浦俊彦）											
						11/27	1/22				
座席位置	所属分野	10/2	10/9		1/22	小計	mid	fin	Test	得点率%	評価	成績
窓側列	物質エネ	9	10		10	135	27	8	35	49	否	F*
	生命地球	6	10		10	132	55	67	122	74	合	C
	物質エネ	9	10		10	128	32	50	82	61	合	D
	生命地球	10	10		10	130	38	49	87	63	合	D
	生命地球	10	10	⋯	10	138	31	74	105	71	合	C
	生活環境	9	10		10	118	30	4	34	44	否	F*
	物質エネ	10	8		10	121	29	17	46	48	否	F*
中央列左	生活環境	10	10		10	135	41	46	87	65	合	D
	生活環境	10	10		10	140	41	47	88	66	合	D
	物質エネ	10	10		10	136	24	50	74	61	合	D

図8-3　評価結果を知らせる掲示の例

4. おわりに

　大学の授業には優れた成績評価方法は他にもいろいろあるだろう。本章で紹介した方法は学生から「わかりやすい」と評されている。それは評価が公明正大であることを学生が実感できるためだと思われる。こうした評価の「見える化」は授業担当者にも強い緊張感を与える。採点ミスはすぐにわかってしまうからだ。評価する側も評価される側も真剣に取り組むことは良いことだと私は考えている。

　実際、学生からの授業評価は好評だ。一方で、紹介した評価方法はシステム化されているため、逆に言えば、極めてドライな評価方法だ。もちろん、こうしたドライな評価を嫌う学生もいる。人は自分に有利な評価を好むのは当然だ。

　「資源とエネルギー」の評価方法はとてもユニークで、私自身、これと似た評価方法を採用している授業は知らない。学生の学力向上や勤勉性向上に効果的であることは間違いないと思うので、現在の方針を変えず、さら

に工夫を重ねていきたい。さて、あなたはこの授業を受けたいだろうか。

（松浦俊彦）

コラム8　カタカナ英語学習は、日本語学習の第一歩

「君たちは日常的に英語を使っている」といわれて「自分は英語苦手だし、使ってるわけ（使えるわけ）ないじゃないですか」と思っているあなたに向けて、この小文を書く。まずは、女子学生の日常会話（日常文）を見てほしい。

　　マリクワンの函館店でコスメアイテムをみてたらリップグロスの他に、コットンパックのパッケージがわたしの好きなパステルカラーで可愛くて買っちゃった。

中年男性読者向けに、あえてこれを書き換えれば次のようになる。

　　マリークワント（固有名詞）の函館店で化粧品をみてたら口紅用の光沢塗布化粧品の他に、木綿の美顔用品の入れ物がわたしの好きな淡彩色で可愛かったんで買っちゃった。

次は、大学の授業科目についての連絡文の例だ。

　　TPPに関するカンファレンスのプロシーディングについて、インターネット上にアップされるので、次のURLからアクセスしておくこと。

これを直せば

　　環太平洋戦略的経済連携協定に関する議事録は、インターネットの当該場所に掲載されているので、次の統一資源位置指定子で接続して見ておくこと。

ということになる。

　このように、現代日本語のかなりの部分は、カタカナ英語・和製英語・欧文略語で占められている。書き換える前の方が普通だ。日本語文法・語順に基づいていても、文を構成する単語の多くは英語（和製英語も含む）なのだ。これを英語的日本語の文章と言わずになんと言おう。

　グロスとは輝くという意味である。だから「あの口紅と合わせてこのグロス塗るといいよね」と商品の符帳のように英単語を使うよりは「唇用光沢塗布化粧品」と漢字化されていたほうがわかりやすいと思うが、そうはなっていない（そういう名前だと売れないだろうしね）。TPPの最初のPはパシフィック（太平洋）のPである。略号は、英語に直したうえで日本語にしてはじめて意味がわかるので、さらに厄介な符帳といえる。

　「英語は苦手、でも日本語が好きで深めたい」という学生がいるとして「○○

を深めたい」という真面目さは買うが、その理屈には無理がある。現代では英語的なものに無頓着であればあるほど、日本語の運用能力が貧弱になってしまうからだ。

　このような傾向が強くなったのは最近のことだ。明治の時代は、沢山の欧米語に対しては表意文字である漢字熟語を作った。夏目漱石の著名な「現代日本の開化」『社会と自分』（実業之日本社、1913年）は、総字数約1万8,000字に及ぶが、使われている外来語は「パラドックス」「サーベル」「ライン」「ナイフ」「フォーク」の5単語にすぎない（最後の2つは小刀、肉刺に括弧で並記）。鴎外も同様にカタカナ表示の欧米語の使用はとても少ない。

　ヨーロッパ文化を深く知る明治の大作家たちは日本語文字による意味表現の守り手だった。この伝統は、二つの大戦を挟んで崩れ、平成に入るころにはほぼなくなる。

　「大学生になったら英語から解放される！　仕事も英語を使わないものを選ぼう」と、考えているあなたに忠告しよう。英語学習をしないでは済ませない。なぜなら日本語能力を高めるためにも英語学習が必要な時代になっているのだから。

　「英語を駆使する職業人となりたい」という意欲を持つあなたに忠告しよう。現代日本語は柔軟に外国語を取り込んでいる。あなたの基盤的言語能力が日本語であるならば、母語の能力を高めるために英語学習を活用してもらいたい。

　例として挙げた連絡文のように、大学の授業で使われる用語は欧米からの外来語が多い。教員は欧米語本来の語義まで遡って解説するはずだ。外国語が苦手な人も得意な人も、外来語学習は、大学生に相応しい日本語学習・英語（欧米語）学習のはじめの一歩だと思ってとりくんでみてほしい。　　　　　　（吉井　明）

第9章 英語とどうつきあうか

1. 中堅大学の英語環境

　この章では大学で英語とどう付き合うのがよいのか、実際に中堅大学の学生はどうしているのかを紹介する。

　グローバル化が進み交通、通信が高度に発達しつつある中、あなたもこれからは英語が必要になるらしいと思っているだろう。だが、中堅大学の学生は大抵の場合、英語は苦手だ。英語や外国語を勉強したいと思っても、一般に中堅大学の外国語環境は、難関総合大学に比べると良くない。特に、地方大学の場合、学内に英語が得意な外国人留学生も、英語圏からの帰国子女も、英語で授業を受けてきたインターナショナルスクールの卒業生も少ないし、教員もあまり外国に行かない。

　大きな大学では毎日のようにキャンパス内で国際会議や国際学会が開催され、研究室によっては外国人留学生の方が日本人学生より多いこともある。教授室に外国からのお客さんが来ていて、日常的に英語による会話が行われている大学もある。

　普通の中堅大学はグローバル化が遅れがちだ。中堅大学の学生は英語にどう対応したらよいのだろうか。中堅大学でも担当教員の工夫次第で学生や社会のニーズに応える教育をしている大学は多い。だから、上手に大学を選ぶことが大切だ。もしも外国語学習の環境があまり良くない大学に入ってしまっても、学生自身が強い意欲を持ち、将来の計画をしっかり立てることで満足のできる英語学習が可能だ。そのコツを紹介する。

2. 中堅大学と外国語教育

　大学の外国語教育の特徴は中学・高校と違って選択の自由があることだ。中学・高校では授業の時間割がほぼ決められている。生徒の側に選択の余地はほとんどない。大学では学生が自分で自分の授業時間割を作る。自由度の大きさは大学や学部によってばらつきはあるものの、大学は学生に授業選択の自由を認めている。大学は学生を何もかも決めてあげなければならない子供ではなく、必要なことは自分で決められる大人として扱っている。

　学生には選択の自由が与えられているが、同時に選択の結果に対して自ら責任を負わなければならない。難しい科目を選んで合格点がとれなかった、履修基準に合わない選び方をして4年間で卒業できなかった、不得意な実技があって最低の点しかとれなかった、教材費が高額な科目を選んでしまった、こんなリスクは常にある。反対に、嫌いな科目はとらない、好きな分野の科目をたくさんとる。部活やアルバイトや旅行など、他にしたいことがあるので、卒業に必要な科目だけとる。こういう選択も可能だ。

　科目選択の自由の中で、外国語の選択はとても重要だ。外国語はどの大学カリキュラムの中にも必ずある。外国語の素養が大学教育には必須と見なされているためだ。大学で何を学ぶかといえば、文化だ。世界にはいろいろな文化があり、いろいろな言語を使う人たちによって生み出され洗練され、互いに交流しあっている。あなたは日本の今の、自分の周りにある文化だけで十分だ、外国文化に興味はない、と思うかもしれない。今の日本文化も固定化した完成されたものではなく、外国の文化や過去の文化の歴史の影響を受け、変化しつつ生きているのだ。文化を十分に楽しむには外国文化を知る必要がある。

　長い歴史を持つ世界中の文化の多様性を理解するには自国言語だけでは難しい。大学生は、せめて一つは外国語を学ぶべきだ。この考え方は世界中どの大学でも共通だ。

大学によっては、外国語は英語のみとか2、3種類の中からしか選べないところもあるが、多数の外国語が履修できる大学もある。学生数が多い総合大学では多くの教員を雇えるので選べる外国語の数が多い。

　中堅大学では、選べる外国語の数を減らして専門教育に力を入れているところもあるし、英語に絞って語学力強化を狙っている大学もある。規模が小さい大学でも多様な外国語の授業を提供しているところもある。外国語学習に関心のある受験生は、どの大学が自分の希望に合うか、受験前によく調べてみよう。

　外国語の選択の幅が広い大学では学生は迷ってしまう。私の大学では、一般的な英語、ドイツ語、フランス語など欧米系の言語や、中国語、韓国語などアジア系の言語の他に、ロシア語、スペイン語、ベトナム語の授業もある。履修条件の枠の中で、どの言語の授業をいくつ受講するかは学生個人の選択に任されている。

　世界のどこの国でも、外国語教育にはたくさんのお金がかかる。日本でもよほど特別な事情がない限り、昔は外国語が話せるのは裕福な家庭の出身者に限られていた。それが今は大学生は追加費用なしに外国語を学ぶことができる。これはとても幸運なことだ。この有利な状況をフルに生かそう。

　日本では圧倒的大多数が中学・高校で英語を学習する。大学では「自分は英語が好きだ」「英語が得意だ」という理由で英語を引き続き履修する学生もいれば、英語は得意でないから心機一転して別の外国語に乗り換えようという学生もいる。

　しかし、過去の学習体験にのみ基づく選択は少し危うい。中学・高校では外国語学習は受験のための手段だったはずだ。しかし、大学生は少し事情が違う。大学生のほとんどは卒業すれば社会人になる。社会では外国語の語学力は就職や自分の将来の生き方を直接左右するツールなのだ。

　もしあなたが日本国内に基盤を置いて社会生活を送るのであれば外国語の重要性は低い。大学では外国語学習よりもむしろ専門の勉強にウェイトを置いた方がよい。外国語の教員がこんなことを言うと身も蓋もないが、

外国語ができなくとも実際の社会生活に深刻な支障は生じない。

　地元で静かに幸せに暮らしたいと思っている人が、外国語と無縁な生活を送りたい、嫌いな英語の授業は大学ではもうやりたくない、と思うのは無理もない。そのような人にとっては外国は非日常的な見知らぬ土地であって、そこを訪問することがあってもそれは一時的な観光客として通り過ぎるだけだ。

　外国語学習はその言語が使われている社会、文化、環境についても学ぶことになるが、それは自分の日常とはまったく異なる別世界の事柄だ。自分は別世界には関心がない、そういう人は、必要最低限の外国語学習で済ませてしまって差し支えない。大学教員としては残念だが、本人がやりたくないなら無理にやらなくてもよい。このタイプの学生は少なくない。

　しかし、もし就きたいと思う職業・職種が外国や外国語と関わりがあるとか、外国語と関係があるような分野で生きて行きたいという希望や、自分は外国語を使う環境で働くのではないかという予感があるなら話は別だ。その場合は外国語の語学力を身につけなければならない。フランス語が必要ならフランス語を、中国語が必要なら中国語を、英語が必要なら英語を、実用レベルまで追求すべきだ。

　在学中にドイツ語検定、フランス語検定、中国語検定などの語学検定で上位の成績をとれる学生は少ない。大抵は入門レベルを修了する程度だが、その程度でも新しく外国語を勉強したという経験をしたのだから、大学に入学した価値は十分ある。

3. 大学の英語

　私は地方にある中堅レベルの単科大学で英語学研究を専門とする教員だ。ここでは英語学や英米文学を専門とする学生対象の授業でなく、いわゆる一般英語、つまり教養レベルのいろいろな専門分野に進級する学生の英語の授業について説明しよう。

　以下では、地方中堅大学という条件で学生が外国語履修、特に英語とど

のように向き合っていくのが良いのか、これまでの私の経験と実績をもとに英語学習のポイントを紹介しよう。

　最近では小学校でも英語を授業で勉強する。大学で上手に英語を勉強し、学力を向上させて、学生に損になることなど何もない。英語ができるようになれば自信が出てくる。これまで英語が苦手だった人は、苦手を回復する最後の機会と思って挑戦してみてほしい。

　英語は英語圏以外でも事実上の共通言語として使用されている。英語を通してのみ得られる情報も多い。国際的場面でもっとも広く通用する言語として多くの国で多くの人が英語を学んでいる。学習者人口が多く、競争が激しいので、社会から要求される英語のレベルはかなり高い。この現実をきちんと認識したうえで、大学在学中にいかにして英語運用能力を目標レベルまでアップさせるか、冷静に計画すべきだ。

　英語に限らず、外国語の履修では、言語や担当者によっても授業の雰囲気が違ってくる。外国の文化に触れ教養を深めることに重点を置くのか、それとも、実践的運用力の育成に特化するのかによっても異なってくる。さらに、初級・中級レベルなのか、上級レベルのクラスなのかによっても異なる。

　授業科目の情報はかなり詳しく公表されるが、担当者の癖や授業の雰囲気、試験の難しさまではわからない。だから情報網を張り巡らせ授業科目の中身をよく知り、自分の能力や目標事情を考慮した上で、悔いのない履修計画を作るのが大事だ。厳しい評価条件を課している科目、高い到達目標を掲げている科目では、学生は授業で苦労することが多い。語学教師は本気になると容赦ないが、学生の能力を超える水準を要求することはない。途中で脱落する者、単位を認められない者も出るだろうが、それは自己責任だ。苦労した分だけ得るものも多いと心得るべきだ。

4. 大学の授業で英語力向上は可能か

　日本の大学の英語の授業は、伝統的には英語を使った文化学習が目的だった。つまり、英語を使いこなして仕事をする訓練はしていなかった。だから、大学の英語教育で英語が使えるようにはならないというのが常識だった。しかし外国との交通通信がこれほど発達した現在、使えない英語の授業を行ってもあまり意味はない。

　最近、特に21世紀になってから、いわゆるグローバル化の進展の状況で、英語を使いこなせる人材を求める声が強くなっている。折しも日本企業は伝統的に入社後の社内研修で人材育成をしてきたが、国際的な競争の激化により社内教育にまわせる体力が減り、その分、大学に実践で働ける人材育成を求める傾向がある。

　他方、大学側も競争にさらされており、生き残りをかけて、人材育成教育で他大学との差別化を図りたい。そこで、多くの大学がグローバル化に対応する人材育成のプログラムや、特色を持った外国語教育の充実を行おうとしている。

　たとえば、海外研修に学生を参加させる、留学先の大学の数や留学生の数をふやし、留学支援資金を増額するなど留学制度を充実させる、e-learning で英語を教えるプログラムを開発する、先進的な IT を取り入れた LL 教室を活用する、外国人教員を採用する、学内に外国語で会話し交流する学習スペースを作るなどさまざまだ。

　その結果、今では大学が提供する外国語の学習環境は20年前と比較して格段に改善されている。学生たちは以前よりも恵まれた環境で外国語学習に取り組める。

　たとえば本学は海外23大学と姉妹校協定を結び、学生の派遣と受入を実施している。海外研修・留学を目的とする語学特別授業を開講し、海外研修・留学者には奨学金給付や授業料免除などの優遇もしている。

　私の勤務するキャンパスでは TOEIC などの英語運用能力試験を安い費

用で学内で実施している。TOEIC 試験対策に特化した内容の授業を開講している。海外からの留学生を積極的に受け入れ、日本人学生との交流促進を図っている。新設のマルチメディア国際語学センターを授業や学生の自主的な語学学習にも役立てている。このような大学の国際化への取り組みは、英語だけでなく、すべての外国語学習者にとって朗報のはずだ。

　このような努力を行い、成果を上げているのは私の勤務するキャンパスだけではない。他の大学や学部や学科でも私たちと同等かそれ以上の努力をして環境を整備しているところが少なくない。他方、きちんとした計画やビジョンをもたず、大学設置基準を機械的に満たしているだけの外国語教育をしている大学や学部もないわけではない。英語力を向上させたい人は、このような点に気をつけて大学を選ぼう。

5. 外国語上達のコツ

　私が8年前から実施している TOEIC 受験対策に特化した一般英語や専門英語の科目について紹介しよう。初回の授業で外国語上達のコツを次のように示している。

> 語学はスキルであり、スキルは身につけなければ意味がない。身につけるには、あせらず、休まず、あきらめずだ。

　まったく陳腐な内容で恐縮だが、私にはこれ以外、思いつかないので仕方がない。

　このありふれたコツがどれほど効果的か、自発的に英語学習に取り組む学生がいかに大きなポテンシャルを持っているか、それまでの経験とデータで示そう。

　一つは、努力の継続により語学の力は確実に伸びるという事実がある。TOEIC のスコアを 100 点アップさせるには約 300 時間の学習が必要と言われている。授業の予習も含めて半期で学習を積み重ねることにより、50 点から 100 点くらいは実際にアップする。これはこれまでの私の授業の受

講者のデータで証明されている。

　また、TOEIC-IP の受験回数と取得スコアの間には、図 9-1 のような、かなり強い関連が見られる。図 9-1 では縦棒グラフは受験回数ごとの受験生の数を示す。2 回、3 回、4 回と受験回数を重ねる学生の数はどんどん減っていく。折れ線グラフは、受験回数ごとの受験生の点数の平均を示す。受験回数が増えるほど点数が高くなっていく。

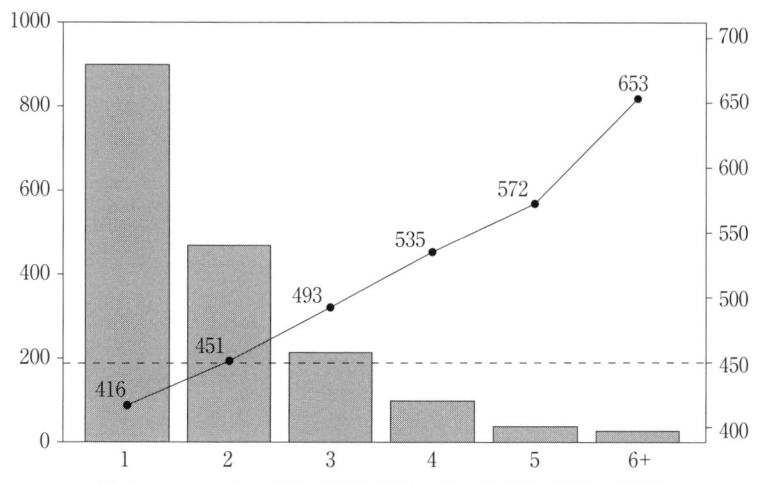

図 9-1　TOEIC-IP 受験回数と受験者数、取得平均得点の関係
出典：筆者作成

　この図から、実用的な英語の学習では、意欲が高く手応えを感じている学生は繰り返し受験し、そのような学生の成績は伸びていくと考えられるだろう。

　ここで、2 回、3 回と受験する学生は 1 回目の試験で点数が高かったのではないか、という疑問が生ずる。2 回目の受験生の数は 1 回目に比べて半分ほどだ。1 回目の点数が低かった学生が 2 回目を受験しなければ、仮に、1 回目と 2 回目の間に英語の学力の向上がなくとも、2 回目の平均点は上がるだろう。この疑問についてデータ分析を行った。

　3 回受験した学生のデータを調べた。図 9-1 で 3 回目を受験した学生

は211人いた。この学生たちの1回目の平均点は449点、全体の平均点は416点で、3回目受験学生の方がわずかに高いが、決して高得点者ばかりではない。図9-2ではこの学生たちの1回目、2回目、3回目の得点分布を示した。

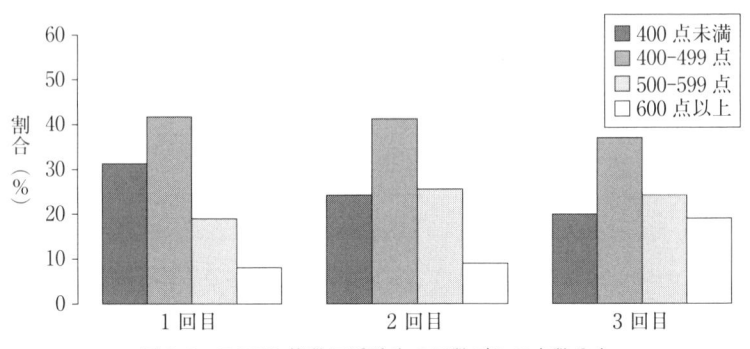

図9-2 TOEIC複数回受験生の回数ごとの点数分布
出典：筆者作成

　図を見ると、400点未満の割合は1回目では3分の1近いが、徐々に減っている。600点以上の割合は、1回目では8%だが、3回目では19%、2倍以上に増えている。つまり、何度も受験する意欲を持っている学生は着実に点数が良くなっている。
　TOEIC受験は、いままでの自分とは違った自分になるための挑戦ととらえることもできる。語学力が増すことによって留学先・就職先の可能性が広がっていく。先輩学生は、スコアの上昇が自分への自信につながり、積極的にチャンスに挑戦していった。国内の学習と9か月の留学でTOEIC800点以上は難しくない。学生たちは初回受験のときとは別人となって新しい世界を自力で切り開いていった。私は授業の初回時にそんなエピソードを2つ、3つ紹介することにしている。その後で、受講生たちには、将来どれ位英語ができるようになりたいのか目標レベルを紹介させ、目標を達成した自分の姿を強くイメージさせている。
　明確な目標と成功イメージを持つことは大切ではあるが、外国語学習は

それで達成できるほど甘くはない。どの外国語にしても基本的には語彙や文法との格闘だ。どちらもこまごまとした規則や不規則、例外の集合であり、これを学習するのはつらいから、外国語は嫌われ者だ。たくさんのインプットとアウトプットが必要だ。学習を続けられることが鍵となる。

外国語学習が続く要件は楽しい気分だ。たとえば、相手の言う英語が聞き取れたと思う時、あるいは自分の苦心の英語が相手に伝わったと思えた時、この上なく嬉しくなる。楽しいとは遊びのことではなく、知的高揚感、つまりわかったような錯覚を気持ちよく味わうことだ。この錯覚こそ苦痛を喜びに変える力をもつ魔法だ。

良い授業というのは、これまでできなかったことができるようになった、正解にたどりつけるようになった、新しい世界が見えてきたという達成感を提供する。新しい世界との出会いは、教員やクラスメートとの新しい人間関係、使用教材によってもたらされる。また、知的充足感は、テストのスコアにせよ、使ったノートにせよ、読んだ教科書のページ数にせよ、具体的に見える方が現実味を持ち、張り合いが出てきてよい。学習を長続きさせるコツの一つだ。

良い授業というのは、上述の新しい世界を一歩広げて見せてくれる授業だ。新しい外国語の学習はそれ自体が新たな世界を覗く窓だと言われる。その別世界に一歩を踏み入れる良い機会が外国語研修や留学だ。留学は若い時ほど新鮮味があるし、期間が長いほど充実した体験が期待できる。同時に、研修・留学への応募は競争の始まりを意味する。学内での選抜を勝ち抜かねばならないからだ。良い奨学金を獲得しようとすれば、他国の優秀な学生とのグローバル競争が待っている。

一方で、学内では国際交流体験イベントが開かれ、外国人の友達づくりが可能だ。海外協定校からの交換留学生の世話をしておくと、自分がその協定校に留学するときに世話してもらえる。困った時に助けてくれた友達は本当の友達になる。恩を仇で返す人はいない。留学生との交流体験は自身の国際化に向けて貴重な財産だ。面倒と隣り合わせだけれども、他の人とは一味も二味も違う体験をしたければ留学生と付き合ってみてはどうだ

ろう。国際感覚が磨かれること請け合いだ。

　大学は授業科目としての外国語学習の機会はもちろんのこと、さまざまな関連プログラムを提供している。e-learning なり、ESS のようなクラブ活動なり、英語を鍛える手段、方法はいくらでもある。それにどのように反応するか、食いつくか、見過ごすかは個々の学生の判断次第だ。英語では"It's up to you."と表現される。外国語の履修選択は自分を見つめ直す良い機会だ。目を凝らして周囲の状況を見渡すとともに、自分は何者でどう生きたいかをよく問うてみることだ。

（福田　薫）

コラム9　女子学生の海外生活

■海外は危険か

　国内でも女性は男性よりも危険なめにあいやすい。海外生活をする場合も同じだ。多くの人が「海外は危険ですか？」と聞く場合、大抵は犯罪の危険を考えている。答えは簡単で「危険です」。この答えは「危険はいつでも、どこにでもある。海外は見知らぬ土地なので、日本の地元の実家周辺でのんびりしているよりはずっと危険だ。ただしその危険は、かなりの程度、防止できる」という意味を込めている。このことは男子でも女子でも同じだ。

■治安悪化による危険

　留学や海外旅行を計画している人は新聞記事程度でよいから、渡航先の治安状況について普段から注意しておこう。なんの前触れもなく治安が悪化することはない。

　外国で日本人だという理由で犯罪や暴力のターゲットになることはほとんどない。ただし、外国人はお金をもっていると思われて狙われやすい。

　ひとたび治安が悪化して混乱が発生すると、女性の方が暴力の被害を受けやすい。普段から信頼できる情報を集め、危険な地域には近づくべきでない。

■自然災害の危険

　自然災害は社会的な治安悪化よりも予測が難しい。ラジオ、テレビ、自治体の広報など、最善の情報収集手段は、その国や地域によって違う。日頃から確認しておこう。

　常識的に考えて危険な地域には近づかないようにしたい。噴火が続いている場所に行くこと、台風の時に海を見に行くことなど、してはならないのは日本と同じだ。自然災害の危険は男女平等だが、一度災害が発生し、社会が混乱すると女性は不利だ。

■健康上の危険

　医療や保険のシステムは国によって随分違う。よく把握してから渡航しよう。保険の有効期間にも十分注意しよう。ケガや病気は一定期間内には必ず発生すると覚悟しよう。見知らぬ土地で体調が悪くなるととても心細い。そうなったときどうするか、普段から考えておこう。

　私は、米国から日本への帰国前の1か月をきってから、引っ越しの荷造り中に手を切った。早朝だったのでER（救急救命室）にかけ込み、4針縫った。幸い保険の期間内で、無事保険で治療することができた。

■恋愛がらみの危険

　日本女性の海外でのトラブルとしては「恋愛がらみのトラブル」がよくある。これも危険の一種だが、暴力的犯罪から身を守るのと同じく、防止可能だ。
　恋愛は文化によって「適切な恋愛行動」が大きく異なる。男性が夜中に女性の部屋の窓の下で歌を歌うのが正しい恋愛の仕方という国もある。日本人なら迷惑だ、嫌がらせだと思うだろう。親しくなった友人同士でも、ケースによってはお互いの言動の意味の解釈の間違いが取り返しのつかない騒動になりかねない。犯罪ではないけれど十分な注意が必要だ。男子よりも女子の方が海外で恋愛トラブルに巻き込まれやすいようだ。外国の男性は日本の男性とアプローチの仕方が違うことがあるので、勘違いに気をつけよう。普段から広い人脈をもって、彼氏以外にも相談できる人や場所を確保しておくとよい。

■危険防止対策

　犯罪被害に関して海外がこわい大きな理由は、自分の情報収集不足のためだ。危険情報を入手するためにも英語力や現地の言語を理解する能力が必要だ。海外旅行なら『地球の歩き方』などのガイドブックでもよい。危険な場所はちゃんと出ている。危険にあいやすい行動パターンも説明されている。それに気をつければ危険は避けることができる。危険は知っていたのに災難に遭うことは実に多い。大切なのはそのような状況にならないように予防することで、これは可能だ。

■大学警察

　私の経験から米国の大学での危険防止について説明する。米国の大学にはたいてい University Police（大学警察）がある。米国の大学の日本語クラスで学生に例文を作らせると「大学の警察が近づいてきました」とか、「大学警察を呼びましょう」というような文ができてくる。このような、学生にとっても身近な存在の University Police は、大学の敷地内で犯罪が起きないように、常にパトロールしている。
　米国の大学は University Police 以外でもさまざまな部局で女性や弱者を支援する活動をしている。それは大学内の掲示板やウェブページでも目にすることができる。また、女性向けの学外の市民団体の活動も活発だ。自分で情報収集し、気をつけると同時に、それらを上手に活用すれば女性でも安心して海外で生活することが可能だ。

（伊藤美紀）

第10章

日本語教員養成プログラム

1. はじめに

　日本語の教員という職業がある。日本人なら日本語は教えることができそうだが、実際に教えるとなると難しい。効果的、効率的に正しい日本語を教えるには日本語教育の訓練を受ける必要がある。日本語教師の資格というものもある。

　日本語教師は、普通の小中学校の教員とは異なり、大学の教員養成課程では養成していない。文部科学省が定めている教員養成の仕組みの外にあるのだ。日本語教師を養成する場としては、民間の学校や通信講座があるが、大学でも養成コースを持っているところがある。

　海外で400万人以上の人々が日本語を学んでいる。最近は日本のPOPカルチャーが若者に人気であることもあり、日本語は人気がある。日本語教師は勤務地は国内だけでなく国外の可能性も大きいという意味でグローバル化に対応した職業だ。国外で働いていても日本の文化と疎遠になることはないので、外国生活にあこがれていて、しかも日本が好きな人に向いていると思う。

　私は勤務大学の北海道教育大学函館校（以下、本校）で日本語教員養成プログラムを担当している。大学で日本語教師の養成がどのようにされているのか例をあげつつ、日本語教師について紹介したい。

2. 日本語教師とは

　日本語教師とは、「日本語を第一言語としない人」に日本語を教える外国語教師のことをいう。「外国人に」と言ってもよい場合が多いが、国籍が外国人でも日本語を第一言語（「母語」ともいう）とする人もいるし、反対に、日本人でも日本語を第二言語とする人もいるので（例えば、外国で育った日本人）、やはり「日本語を第一言語としない人に」としておきたい。
　名称としては、日本語「教員」でも日本語「教師」でもよい。この章では、課程や資格の文書で「日本語教員」となっている場合はその名称をそのまま使い、それ以外のところでは、一般に使われている「日本語教師」という言い方にする。

3. 日本語教師はどこで教えるのか

　日本語教師は海外で教えることもあれば、国内で教えることもある。海外では「外国語」として日本語を教えることが多い。日本語教育を通して、海外のより多くの人々が日本に興味をもったり、日本を好きになったりすることも目標に含めている教師や教育機関も多い。この点には文部科学省も力を入れ始めている。
　日本国内で教える場合は、「第二言語」として日本語を教えることが多い。大学での留学生を対象とした日本語クラスの他、地域の日本語教室や、企業内の外国人研修、民間の日本語学校、日本語の指導が必要な外国籍の子供の学校教育現場での支援など、関連する場は多岐にわたる。最近は外国人介護職員の支援も必要とされている。
　日本では、日本人学生の「内向き志向」が指摘され、グローバル人材の養成が叫ばれているが、日本語教師はすでに教える相手も場所もグローバルだ。日本語教師は、「外向き」姿勢が求められている職種といえる。

4. 日本語教師は「国語教師」や「英語教師」と同じか

　日本語教師は扱う言語が日本語という点では国語教師と同じだ。しかし、「誰に教えるか」が違う。国語教師は、小中学校、および高校で主に日本語を母語とする児童・生徒に教える。また、国語教師は、母語としての「国語」を教える教師として養成される。それに対して、日本語教師は、海外で外国語として、あるいは日本国内で第二言語として日本語を学ぶ人に日本語を教える教師で、日本語教育は、子供に対しても成人に対しても行われる。

　日本語教師は、外国語を教える教師という点では英語教師と同じだ。実際、日本語の教え方の多くは、英語をはじめとする外国語の教え方と共通点が多い。しかし、日本語教師は扱う言語が日本語であり、英語教師は扱う言語が英語だ。扱う言語（対象言語）が違っている。

　そして、何よりも、日本語教師が、日本の学校教師と決定的に異なることがある。日本語教師には、文部科学省が設定する指導要領というものが存在しない。この点では日本語教師は、国語教師とも英語教師とも違う。学校教師は「何を教えていくか」がだいたい決まっていて「どう教えるのか」を中心に研修を積んでいく傾向があるが、日本語教師は、これに加えて、目の前にいる日本語学習者のニーズに合わせて「何を教えるのか」も本気で検討していかなければならない。

5. 日本語教師は日本人か

　世界の日本語教師数のうち、日本語を母語とする日本語教師は、全体の23.2%（全教師数63,805人、日本語母語教師数14,819人[1]）となっている。つまり、世界全体で、日本語がネイティブの教師は、なんと、4人中、1人に満たない。少し不思議に感じるかもしれないが、英語教師の場合を考えてみよう。あなたの周りには、英語を母語とする、いわゆるネイティブ

の英語教師もいるが、そうではない英語教師もたくさんいるだろう。日本語教師も、日本人ならできるという仕事ではないし、世界における日本語学習の普及のためには、むしろ世界におけるノンネイティブの日本語教師の活躍は貴重な存在といえる。これから大学で日本語教育の勉強をしようという日本人には、このような、世界で日本語を教えているさまざまな言語的、文化的背景をもった人々と協働する能力と熱意が求められている。その意味で、日本語教師は、日本語を客観的に分析する力や日本語を教える技術だけでなく、英語力や、現地の言語を運用する能力、さらには異文化に対応する能力も求められている職種といえる。

6. 日本語教員養成プログラムとは

　本校では「日本語教員養成プログラム」を開設している。名称は、大学によって「日本語教員養成課程」「日本語教員養成コース」と少しずつ異なるが、これらの課程には一定の基準がある。一定の基準とは、文化庁が示した「日本語教育のための教員養成について」で、本校の日本語教員養成プログラムもそこで示された教育内容に準拠している。

　例えば、日本国内の日本語学校で日本語教師を募集する時の一般的な条件を見てみよう。よく見かけるのはこのような条件だ。

> 以下の1から3のいずれかを満たす方：
> 1. 大学（短期大学を除く）において日本語教育に関する主専攻または副専攻を修了し、卒業した方
> 2. 日本語教師養成講座420時間以上を修了した方
> 3. 日本語教育能力検定試験に合格した方

「日本語教員養成プログラム」を修了し、本校を卒業すると、このうちの「1」を満たすことになる。

　ただし、この資格がなくとも日本語教師の仕事はできる。国によっては別の資格が必要になる場合もある。例えば、アメリカの高校で日本語を教

える場合には、アメリカの高校の教員免許を取得する必要がある。アメリカの大学で教える場合には、大学院を修了していることが要求されることがほとんどだ。いわゆる「持っていれば安心」という資格の類には入らないので、このプログラムは、履修することを通して学ぶことや、体験することや、活動できること自体を魅力的だと受け止める学生に向いているプログラムだといえる。

7. 日本語教員養成プログラムの科目の構成とその内容

表10-1 に、平成25年度の本校の日本語教員養成プログラムの授業科目を示す（平成26年度からは、より「外向き」な科目が増えている）。ここに載っている授業を、指定された数だけ受け、課題や試験を無事こなすと、大学から「日本語教員養成プログラム修了証明書」が発行してもらえる。

表10-1　日本語教員養成プログラムの授業科目

東アジア文化関係史	国際文化・理解・共生	国際関係構造
日本古典文学史	日本の言語文化特講	日本語教育概論
日本語教育法Ⅰ～Ⅱ	社会言語学	異文化入門
第二言語習得基礎論	発達と学習	日本語教育演習Ⅰ～Ⅱ
日本語教育支援実習Ⅰ～Ⅱ	日本語教育実習Ⅰ～Ⅱ	開発教育と共生
国際教育協力事業	外国語コミュニケーション	日本語学概論Ⅰ～Ⅱ
言語学概論	対照言語学	応用言語学

このうち、「日本語教育○○」という名前がついている科目が日本語教育と深く関係している科目だが、前に触れたように、日本語教師には日本語学や、日本文化や日本語の教え方だけでなく、「外向き」な視点も求められている。それで、国際関係や異文化理解に関する科目も用意されている。

では、ここで、このプログラムの必修科目についてもう少し詳しくみてみよう。「日本語教育概論」では、授業目標に「日本語教育に関する基礎的教養と専門的知識を幅広く身につける」とあるように、日本語教員養成

プログラムで最も基礎となる項目を扱っている。この科目では、例えば、次にあげるような領域の基礎的知識を扱う。

　　　世界における日本語教育　　地域における日本語教育
　　　日本語教育の歴史　　日本語教授法の流れ
　　　日本語初級文法　　日本語教育におけるテクノロジーの活用

　「日本語教育概論」は、1年生から受講でき、学生の層は多岐にわたる。日本語教員養成プログラムを履修するかどうかを検討中の学生も履修するし、卒業に必要な単位を取得することを主な目的として、日本語教育学関連ではこの授業だけを履修するとはじめから決めている学生もいる。海外協定大学からの交換留学生がこの科目を履修することも多い。例年7～8名程度の留学生が履修している。この留学生の多くは、国に帰って卒業したら日本語教師になりたいと言っている。また、地域で日本語ボランティアをしている人や日本語そのものに興味があるという社会人も数名受講している。このように、この授業は、受講者の構成員自体が多文化であり、グループワークの中で学び合うことも多い。ここ数年の「日本語教育概論」の受講者数は毎年70名程度だ。

　「日本語教育概論」を履修後、学生は次の学期に「日本語教育法Ⅰ」を履修する。この段階で履修者は毎年45名程度になる。「日本語教育法Ⅰ」では、「日本語教育概論」で学んだ知識を深める。日本語音声学や、日本語教育のための日本語文法など、より専門的でありかつ日本語教育学に関連が深いことを学ぶ。また、「日本語教育概論」と比較して履修者数が減っているため、課題や発表、グループワークの機会も増え、より学生参加型の授業形態となっていく。

　その次の学期には、学生は「日本語教育法Ⅱ」と「日本語教育演習Ⅰ」を履修する。この段階で学生は2年生か3年生になっており、履修者数は20名程度になる。「日本語教育演習Ⅰ」の目標は「初級日本語を工夫して教えることができるようになる」ことだ。この科目では、「日本語教育法Ⅰ」「日本語教育法Ⅱ」で学んだことを、演習方式で、つまり、いろいろなことをしながら学んでいく。さまざまな日本語の教科書を比較し、その内

容を話し合ったりレポートにまとめたりする。日本語学習者のニーズを調査するためのアンケートを作成して学生同士で回答し合ってみるといったこともする。また、実際に授業をしてみる。始めは「5分」ずつ。授業をする学生以外の学生が日本語学習者になり、一人ずつ授業をしてみる。これを「模擬授業」という。この段階ではこのような模擬授業をした経験のない学生がほとんどで、多くの学生にとってこれは大変な課題だ。一方で、この模擬授業という演習を通して日本語教育関連の道に進む決意をする学生や、卒業論文での自分の取り組みたいテーマを見つける学生もおり、学生によいインパクトを与える演習にもなっている。

　ちなみに模擬授業は、アメリカの大学では普通に行われることだが、日本の大学では必ずしもすべての大学でされているわけではないようだ。それには、いくつかの原因が考えられるが、履修者数が多いと一人ずつ授業の中で模擬授業をしていくという形態は時間配分的に難しくなる。本校のプログラムは小規模のため今のところ受講学生全員が一人ずつ実施可能な状態だ。

　その次の学期には、学生は「日本語教育演習Ⅱ」を履修し、初級のみならず、中級の学習者を対象にした模擬授業や、チームティーチ（複数の教

写真10-1　学生が日本語教育の模擬授業をしている様子
出典：筆者撮影

師で授業をすること）の演習を行う。これらの授業を通して、学生は「コンテクスト（文脈）を提示することの重要さ」「何のための文法かを考えて教える（学習者にもそれが伝わるように教える）こと」「日本語学習者は何ができるようになるのか」「教師は学習者の理解をどうやって確認したり評価したりするのか」「チームで教える際に必要な配慮とはどんなことか」を学んでいく。

　これらの演習では、出席の確認がしっかり行われている。学習者が遅刻すると教室の運営に影響が出ることも、模擬授業を通して実感していく。こうして学生は、実習に向けて、いわゆる最低限の「礼儀」も身につけていく。

　これらの科目を履修し終えると、最後に実習系の授業を履修することができるようになる。実習まで履修し終え、履修証明書を受け取る学生は毎年15名前後だ。

8. 実習系の授業

　日本語教育の実習は、大学によってさまざまな工夫がされている。海外の日本語教育現場に行って実習を実施する大学もあれば、大学内の留学生を集めて一時的な「日本語クラス」を作って実習を実施する大学もある。どのような実習をしているのかをみると各大学の日本語教員養成の特色がある程度見えてくるのかもしれない。

　本校の日本語教員養成プログラムでの実習系の授業は「日本語教育支援実習」と「日本語教育実習」だ。「日本語教育支援実習」では、現場の実態を知ることを重視している。「日本語教育支援実習」を履修した後に履修できるようになる「日本語教育実習」では、実際に留学生対象の日本語クラスで日本語を教える。

　「日本語教育支援実習」は、複数の場から協力を得て行っている。まずは、函館日本語教育研究会（Japanese Teaching Society-Hakodate: JTS（以下、JTS））の会員が講師をしている現場が数々ある。函館市がJTSに講師を依頼している「函館市日本語教室」や、JTSが独自で企画・運営し

ている「JTS日本語クラス」、その他、JTSが地域に在住する外国人の日本語支援をすることを目的に実施している「日本語サロン」がこれに含まれる。もう1か所は、本校内の留学生を対象にした日本語クラスだ。学生は、各自のスケジュールの都合に合わせていずれかの場に支援実習に行くことになっているが、私は、都合がつけば学外のクラスに行くことをすすめている。この「日本語教育支援実習」では、現場の見学が中心で、現場の支援活動は講師の指示に従って必要に応じて行う程度だが、多くの学生にとってはこれが日本語教育現場に初めて接する機会となるだけに、刺激は大きい。

「日本語教育実習」では、本校内の留学生を対象とした日本語クラスで実習を行う。「日本語教育実習」の担当教員は私の他に2名いるが、2名とも留学生対象の日本語クラスの担当をしている日本語教師だ。この2名の尽力で、事前指導も事後指導も含めて現場に密着した実習内容が組まれている。

「日本語教育実習」を、海外でする学生もいる。本校の日本語教員養成プログラムでは、国際交流基金の「海外日本語教育インターン事業」の支援を受けて、2011年度より毎年2名の日本語教育インターン生（日本語教育の実習生）を、北海道教育大学の海外協定大学の一つのアメリカのアラスカ大学アンカレッジ校に約7週間派遣している。このような、海外での実習を希望する学生や、海外に行く際の奨学金を得たい学生は、日本語教員養成プログラムの履修状況だけでなく、英語力（英検やTOEFLの点数）や現地の言語を使う能力も考慮の上、選考され、派遣される。

9. 日本語教員養成プログラムの枠を超えて

日本語教員養成プログラムの受講生の中には、学外の海外日本語教育アシスタント派遣プログラムに個人で応募し、夏季休業中に日本語のアシスタントをする学生もいる。交換留学で海外に行ったときに日本語クラスをサポートする学生や、日本語学習者を支援する活動をする学生もいる。

JTS に入会し、地域日本語ボランティア活動を日常的に行っている学生もいる。私からもこのような活動についての情報提供は随時行っているが、やはり、自ら動き、それらの活動に積極的に取り組むかどうかは学生次第だ。熱意のある学生は地域での有限なチャンスを最大限に生かし、世界レベルの情報もインターネットを活用して収集することによって、自らの道を拓いていく。

10. 日本語教員養成プログラム修了後

　日本語教員養成プログラム修了後、日本語教師になる学生はもちろんいるが、そればかりではない。最近は大学院へ進学する学生が増えてきている。特に、海外に実習に行った学生や、海外の大学への交換留学を経験した学生が、大学院に進学する魅力と必要性を感じ、決意を新たにすることがある。大学院進学では、本書でいう「中堅大学」の枠より上のランクの大学院に進学する学生も出てきている。彼ら・彼女らの今後の活躍に期待している。

　一般の民間企業に就職する学生も多い。意外かもしれないが、情報系企業に就職する学生も時々いる。情報系企業では「技術力」が要求されると思いがちだが、実は技術力よりもむしろ「コミュニケーション力」を重視している情報系企業も存在する。そのようなところでも日本語教員養成プログラムでの学びが発揮される可能性がある。

　それ以外の一般的な企業に就職しても、これからは外国人とともに働く機会は珍しいことではなくなっていく。本校の日本語教員養成プログラムの演習では、模擬授業をする際に、教師の発話がそのレベルの日本語学習者にとってやさしいかどうかを、支援システムを使ってチェックさせている。日本語を言い換える力を身につけている学生が、今後、日本語教育現場に限らず、さまざまな外国人とのコミュニケーションの場で活躍することが期待される。この支援システムは私たちが開発し試験的に運用している[2]。

11. おわりに

　日本語教師の仕事に関心がある人は、給料や待遇が気になるだろう。一般的に日本語教師の給料は高くはないが、どの国で働くか、どのような雇用形態かでその額は大きく異なる。

　国内では最近は地域の外国人を支援するための人材が必要になり、日本語教育を専門とする人を採用する自治体も出てきている。今後は一般の公務員か、公立学校教員並に待遇も期待できるかもしれない。外国人向けの日本語学校で働く場合の待遇は各種学校、専門学校並で学校によってさまざまだ。今後、日本が多文化共生社会になっていき、日本語学習が必要な外国人が増えれば、日本語教師は国内でもさらに必要とされるだろう。

　勤務地が外国の場合はさらに待遇に幅がある。先進国の大学などでフルタイムの日本語教員として雇用されれば平均的な給料がもらえる。途上国で働く場合は円表示すると少ない給料でも、現地基準では高額で良い暮らしができる場合もある。海外で日本語を教える人には、その国との懸け橋役としての活躍も期待されていて、文化交流関係のイベントの仕事を依頼されることもある。そういう仕事が好きなら、収入と関係がある、なしにかかわらず、やりがいを感じられるだろう。

　日本語やその他の外国語に興味があり、さまざまな文化的背景をもつ人とのコミュニケーションに挑戦し、また、それを楽しみたいという人には、日本語教育の世界を学ぶことをぜひともおすすめしたい。

（伊藤美紀）

注

1) 国際交流基金『海外での日本語教育の現状 ― 2012年度日本語教育機関調査より ―』くろしお出版、p.19、2013年。
2) システム名称「これやさしいか」。「日本語学習者支援に向けた日本人のためのやさしい日本語生成支援システムに関する研究」で開発中。本研究は科学研究費（課題番号25370570）の助成を受けている。

コラム10　メディア・ネットの大衆化 ── 育った時代の特徴を知っておこう

　図は、メディアと電子ツールについての見取り図（略年表）だ。ちょうど、あなたが生まれた前後で左右に区切ってある。上から、計算機（コンピュータ）、電話といったメディアの装置やサービスの項目と、それぞれについてのトピックス（話題）を記した。

　トピックスの多くは一般消費者や個人向けの道具・装置に関するものだ。今、身の回りにあるさまざまな電子ツールは、あなたの親の世代の頃に登場し、あなたの世代で加速的に普及した。これを支えたのがデジタル技術で、それをもとにしたコンピュータ、CD、携帯などが一般人の生活用品になったのが80年代から90年代の時代だ。

　図では、「インターネット」に関するトピックスを線で囲っている。右半分（次頁）の部分に囲みが多い。90年代に多くの項目に関するジャンルが「ネット」化されていく様子がわかるだろう。

　つまり、あなたが生まれる少し前ぐらいからメディアをめぐる大きな変化が生

メディア略年表

1955年	65	75	85

あなたが生まれる前の出来事

- ▶ 計算機　　業務用普及　　　　UNIX　　パソコンの登場
- ▶ 電話　　　固定電話（一家に一台）　　　家庭用FAX普及

　　　　　インターネット ▶　実験から実用へ
　　　　　　　　　　　　　　　　　　　（政府大学等限定）
　　　　　ネットツール　 ▶　e-mail

- ▶ 文字・書籍　　　　　　　　　　　コピー機普及
- ▶ 音声　　レコード　　　カセットテープ　　CD
　　　　　ラジオ（AM）　　ラジオ（FM）
- ▶ 録音（画）　　　　　　カセットテープ　　ビデオ
- ▶ 動画　　映画館から茶の間（TV）へ　　　衛星放送

じ始めた。「個人化」「デジタル化」「ネット化」の3つだ。
　この見取り図の上に自分のメディア体験を重ねてみて欲しい。自分の体験があるので変化を実感できるだろう。
　逆に、あなたが生まれる前の事柄、図の左半分の内容は、聞いたことはあっても実際にどう使われていたか、想像するのは難しいものもあるだろう。しかし注意しておきたいのは、音声情報（電話、テープレコーダー）、文字情報（書籍）、画像情報（写真）、動画情報（映画）などのメディアや計算ツール（電子計算機）はすべてデジタル化されネット化され、すっかり大衆化されたわけではないことだ。本当に重要なもの、基盤となるものの中には、依然としてデジタル化もネット化もされず、大衆化もされていないものがまだまだ多くある。大衆化されたメディア・ネットワーク文化はあなたの全人生を支えるには不十分なのだ。前の時代を知っているひとたちに、いろいろ聞いて「耳学問」をしてみよう。デジタル化、ネット化の不完全さを知る機会になると思うよ。

(吉井　明)

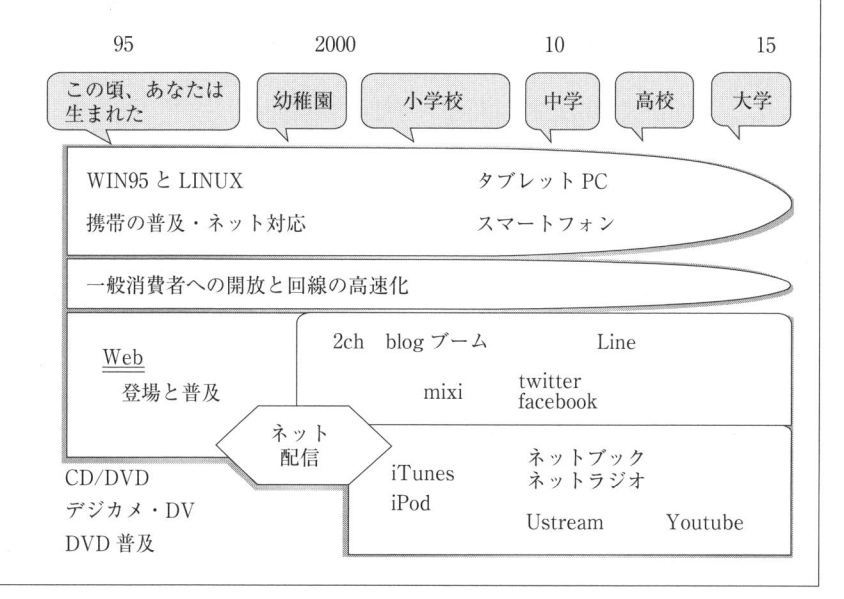

95	2000	10	15
この頃、あなたは生まれた	幼稚園　小学校	中学　高校	大学

WIN95 と LINUX　　　　　タブレット PC
携帯の普及・ネット対応　　スマートフォン

一般消費者への開放と回線の高速化

　　　　　　　2ch　blog ブーム　　　　Line
Web　　　　　　　　　　mixi　twitter
登場と普及　　　　　　　　　　facebook

　　　　　　　ネット配信

CD/DVD　　　　　　　iTunes　　ネットブック
デジカメ・DV　　　　　iPod　　　ネットラジオ
DVD 普及　　　　　　　　　Ustream　Youtube

第11章
大学でメタ学習（学び方の学び方）を学ぶ

1. はじめに —— メタ認知とは

　あなたたちは、高校までの学習では各科目授業の内容を学習し理解するだけで精いっぱいだったろう。しかし大学では、個別の教科内容にとどまらない学びの方法を身につける必要がある。この章では、私たちの大学で実施している「学習方法の学習」、つまり「メタ学習」の試みについて紹介する。

　あなたは日々、学校や家などあらゆる場所で、食事をするときも勉強するときも、外界の情報を認知（知ること）している。

　しかし、それだけだろうか？　ここで、自分の頭の中を注意深くのぞき込んでみてほしい。すると、認知している自分をさらに認知し、自分の行動を管理している、まるで頭の中に住んでいる小人のようなもう一人の自分の存在に気づかないだろうか。それが、メタ認知だ（図11-1）。

　「メタ（meta）」とは「上位の」という意味だ。認知とは、何かを知ることだ。知るためには知覚（見る、聴くなど）、記憶、学習、思考が必要になる。つまり、「メタ認知」は「周りのものごとを見たり、聴いたり、覚えたり、考えたりしている自分自身のことを認知する」という意味になる。

　メタ認知は、現在のことだけではなく、過去や未来についても認知する。例えば、過去のテストでの経験をふりかえったり、これから取り組む宿題をどのように片付けようかと計画を練ったりする時も、メタ認知は働いて

自分の認知や行動を一段上から認知している自分

自己評価

制御
（コントロール）
モニタリング結果をうけて、認知や行動を修正

メタ認知

監視
（モニタリング）
自分の認知や行動をチェック

認知し行動する自分

図11-1　メタ認知
出典：筆者作成

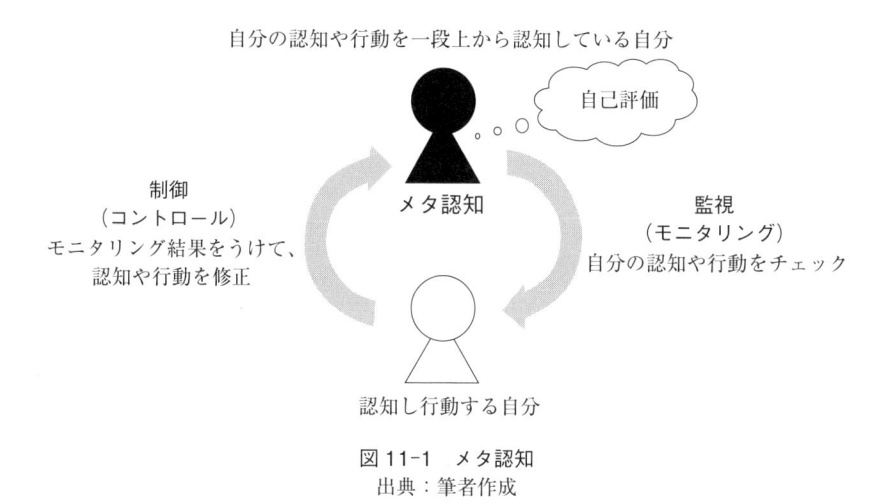

いる。このように、メタ認知は学習に欠かせない頭の働きなのだ。

　これを学習にあてはめると「メタ学習」という考え方になる。メタ学習とは学習者が自分自身の学習方法や学習内容の特徴を知り、そこから効果的な学習の仕方を学ぶことだ。メタ学習ではメタ認知能力を活用する。メタ学習によって、学習者は自分の学習プロセスが理解できるようになり、一段高い視点から問題解決を考えることができるようになる。

　メタ学習でも、他の学習者とともに学ぶ「協調学習」が効果的なことがわかっている。メタ学習教育を行うことは小中高校のどのレベルでも可能だが、学習環境の整備や、経験ある指導者が必要であるため、まだ一般には普及していない。国内の大学でもメタ学習を教育にとり入れているところは多くない。

　大学では伝統的に知識を学生に一方的に伝達する講義形式の授業が行われてきた。そこでは、学生は知識を覚え込み、試験で自分の能力を証明する孤立した学習者だ。孤立型の学習方法で自主的に学ぶ方法が自分に合っている学生はよいが、そうでない学習方法を好む学生は、大学での学習についていきづらくなってしまう。

　これに対して、メタ学習法を使う学習環境では、学生が他の学生と協調

して自分にとって効果的な学習方法を学ぶ。また、実社会でも同僚や取引先の企業の社員といろいろな場面で協調して問題解決を行いながら働くことが求められるため、大学在学中にメタ学習を学ぶことは生涯にわたってメリットとなる。ここではそのメタ学習について紹介しよう。

2. 大学における学習支援の背景

(1) 米国の事例

　日本よりも40年ほど早く大学進学率が50%を超えた米国では、中程度の学力の学生向けの学習支援が日本より早く始まった。カリキュラムに沿った正規の授業の理解を助けるために、時間割に載っていないカリキュラム外で教育を行う仕組みだ。放課後や授業の合間などの時間を利用し、学生自身が授業外で学べる仕組みが整備されている。

　米国では学生の勉学を支援するラーニングセンター（学習支援センター）が多くの大学に設置されている。その例として、米国大学ラーニングセンター学会（National College Learning Center Association: NCLCA）の2008年の優秀センター賞を受賞した米国テキサス州のテキサスA&M大学のライティングセンターを紹介する。ライティングセンターとは、特定の科目にかかわらず、特に文章の読み書きを支援する仕組みだ。

(2) ピア・チュータリング

　テキサスA&M大学ではピア・チュータリングが活用されている。ラーニングセンターやライティングセンターは施設として設置されているだけではない。センター活用の鍵がピア・チュータリングだ。「ピア（peer）」とはこの場合は「地位、年齢、能力などが同等の人」（『ジーニアス英和辞典』）という意味で、同僚、仲間のことだ。「チューター（tutor）」とはもともと家庭教師という意味で、ここでは個別指導を行う教師役の学生をさす。米国の大学では大学院生や学部の上級生をチューターとして雇い、下級生の勉強を助ける仕組みを発達させている。

第11章　大学でメタ学習（学び方の学び方）を学ぶ　141

写真11-1　テキサスA&M大学でのピア・チュータリングの様子
出典：筆者撮影

したがって、ピア・チュータリングとは、大学が能力のある学生に依頼しチューターになってもらい、質問に来た学生を教える仕組みのことだ。日本でも文部科学省は、「学生同士が支援し合うピア・チュータリングは教育効果として非常に重要」[1]と評価している。チューターは、多くの場合大学が学生アルバイトとして雇う。給料が支払われていても、チューターは教えられる学生にとってピアであることに変わりない。ピア・チュータリングは教える学生と教えられる学生が協調して学習に取り組む新しい形の教授・学習方法で、従来の講義形式・孤立型学習方法では実現しづらかった「対話」による気づきや思考の深まりなどの学習効果が期待できる。

　テキサスA&M大学のライティングセンターでは、学生が文章を説得的に、かつ正確に書けるよう支援を行っている。質問者の学生は1対1のピア・チュータリングで相談に乗ってもらい、指導してもらうことができる（写真11-1）。

　ライティングセンターを利用した学生によれば、「チューターから、どんなふうに勉強したらよいかという勉強方法や、私にとって最良の勉強方法についてアドバイスをもらうことができました」「チューターに教えてもらった学習理論は、質問した科目とは別の科目の学習でも役立ちました」という感想が得られている。

　米国の大学では授業期間中に出される課題レポートが成績評価に大きく響くが、日本同様にレポート作成が苦手な学生は多い。日本の大学では、レポートの書き方を教える授業があったり、専門の授業の中でレポートの

書き方を教えたりする。米国では力をつけたいと思う学生が自主的に、または授業担当の教員に勧められてライティングセンターに行き、個別対応で指導を受けることができる。そこで学生を助けるのは授業担当者の教員ではない。レポート作成に苦しんだ経験があり、チュータリングの訓練を受けた学生チューターだ。

　チュータリングでは、チューターは個別の科目で出される宿題レポートの作成を手伝うのではなく、相手の学生が、より広い学習場面でより長期間にわたって役立つ、「学び方についての学習 (learning how to learn)」をするのを助ける。学生は自力で宿題を完成させなければならない。

　日本では、小学校から大学まで、授業内でも授業外でも、学び方について学ぶ機会はほとんどない。しかし、大学では学び方を身につける必要がある。知識を学ぶだけでなく、学び方を学ぶことも大学での学びの重要な目的だからだ。大学で必要となる「学び方についての学習」は、正規のカリキュラムの中に入れることが難しい。なぜなら、個々の科目では学ぶべきことは基礎知識から専門知識まで大量にあり、学び方の教育を行う時間的余裕がないからだ。

　私の勤務校である公立はこだて未来大学では、授業外の学びの場としてラーニングセンターを設置し、そこでのピア・チュータリングを通じて、学生が学び方の学習ができるしくみを実施している。

（3）公立はこだて未来大学の事例

　近年は、高等教育の学習方法だけでなく、大学の講義室や図書館などの学習空間にも大きな変化がみられる。従来型の個別に仕切られた小空間の集合から、個別学習スペース、協同学習スペース、ミーティングスペース、図書館機能、カフェやラウンジ、そして学習センターなどのアカデミックサポート等の多様な機能を持った構成要素がゆるやかに連続している学習空間であるラーニングコモンズ（学習のための共有スペース）[2]が作られるようになった。

　公立はこだて未来大学（以下、未来大）は、北海道函館市にある公立大

学だ。設立されたのは 2000 年と比較的新しいが、教育カリキュラムも教育環境も、今までの伝統的な大学のイメージとは異なる新しいコンセプトで設計されている。例えば校舎は、教育学や学習科学などの研究に基づいて、学習の共同性や社会性が生かされるような学習環境となるようにデザインされている。校舎全体が巨大なオープンスペースになっていて、ラーニングコモンズとして機能する（写真 11-2）。

写真 11-2　公立はこだて未来大学の内部
出典：はこだて未来大学提供

　未来大は、情報科学系の 1 学部 2 学科で構成される情報系単科大学だ。入試形態は、一般選抜（大学入試センター試験と個別学力検査）、推薦（指定校、地域枠、全国枠）、AO などがあり、大学入学の目的や学習準備状況が多様な学生が入学してくる。入試の合格可能性 60 % の偏差値を示す進研模試難易度での偏差値は 50 だ[3]。未来大では学生が人間・社会・環境を中心に据えた情報科学の知識や技術を身につけることが大切だと考え、教室での講義だけではなく、教師や仲間とのコミュニティの中で、自らの思考を表現・共有できるようになることを求めている。そのために、数学や計算機科学のみならず、認知心理学などの人文科学系科目や、レポートや論文の書き方についての授業の履修を一部必修にしている。さらに、実践的な英語コミュニケーションやプロジェクト学習など、他大学と

比べて、特徴ある独自の教育プログラムを用意している。

　未来大では学生が日本語・英語・数学・プログラミング・情報デザインの5分野についての活用能力を身につけることを期待している。授業外での学びの場としてのラーニングセンターを設置するにあたって、5分野のうちの1つである日本語による論理的な文章の読み書き能力を育成するための必修科目の受講生を対象に、日本語能力を鍛えるために、授業外で学習支援のためのラーニングセンターを利用してみたいかどうか調査をした。その結果、全体の81％がラーニングセンターがあれば利用したいと回答した。

　そこで私は、学習支援センター「メタ学習ラボ（Meta Learning Lab: MLL 以下 MLL）」を設置した[4]。MLL は、未来大の開放的なラーニングコモンズのうち、学生が自由に利用できる天井の高さ20 m の大空間の「スタジオ」の一角に設置されている（写真 11-3）。スタジオは学部学生らの学習場所であり、MLL の活動は、スタジオを通りかかる学生や教職員に対して常に公開されている。

写真 11-3　メタ学習ラボ
出典：筆者撮影

2014年7月現在、MLLには19名のチューターが登録されている。チューティ（相談希望者）は、予約をしてもしなくても利用できる。利用料はもちろん無料だ。授業でわからないところだけではなく、大学生活の過ごし方（サークルの選び方、友人の作り方、時間割の作り方など）、そして大学での学習方法（メタ学習）についても、アドバイスを受けられる。このようなアドバイスは、特に大学に入学したての1年生には心強い。また、就職や進学に関するアドバイスも受けられる。チューターの中には、就活を経験した者や大学院生も多くいる。チューターが自分の経験に即して行うアドバイスは、身近で役立つだろう。
　チューティだけではなく、チューターもチュータリングから学んでいる。2012年度に卒業したチューターたちは、以下のような感想をMLLに残している。

- MLLで身につけることのできる教える技術は、社会に出てからでも大きく役に立つと思います。相手が理解しやすいように工夫しながら伝える技術、相手が考えていることを上手に引き出す技術は、指導する立場の時だけに活かされるものではありません。
- メタ学習ラボは相手に伝えることの難しさ、私の日本語の能力の足りなさを教えてくれました。人に教えることで、自分自身の理解も深まり、成長できたと思います。

　チューターに教えられて新たな学びを経験したら、次はあなたがチューターになって、学びの輪をつなげていってほしい。

3. 学ぶ力を身につける

（1）個別学習と協調学習

　あなたは、どのように勉強しているだろうか。一人で？ それともグループで？ どちらのやりかたにも、それぞれの利点がある。ピア・チュータリングのように、複数の学習者が互いにコミュニケーションをとりながら学びあうことを、協調学習という。協調学習は苦手という人もい

るかもしれない。だが、大学に入ったら、友人やチューターとの協調学習をぜひ行ってみてほしい。そこでは、一人での学習では得られにくい力がつく可能性があるからだ。

（２） 協調学習の例 —— 相互教授法

こんな場面を考えてみよう。文章を書くのが苦手なＢさんが、チューターのＡさんに、自分の文章を説明しながら指導を受けているという協調学習の場面だ。

Ａ：「この『問い』の書き方はどうかな？」
Ｂ：「あまりよくない、かな」
Ａ：「どの辺がよくない？」
Ｂ：「オリジナリティがない気がする」
Ａ：「なるほど」
Ｂ：「あと、全体的にぼんやりしてるかも」
Ａ：「どう修正すればいいかな？」

文章の書き手のＢさんは、自分の考えをＡさんに説明する。読み手のＡさんは、Ｂさんの説明を受けて問いかける。こうすることで、Ｂさんは自分の文章を客観視してより深い説明ができるようになり、自分が本当は何を言いたかったのかに気づくことが可能になる。

これを発展させた方法が、相互教授法[5]（図 11-2）だ。相互教授法では、学習者が教える側と教わる側の役割を交代しながら互いに教えあう。一人で文章を読むのではなく、他者との対話を通して読むことで、読み方や書き方を学ぶことができる。この学習方法は、未来大のアカデミックライティングの授業にも導入されている。大学で必要になる論理的な読み書きが苦手な学生は、自分一人で文章を推敲することが難しい場合がある。文章の推敲は自己と対話しながら、つまりピア・チュータリングのＡさんとＢさんの役を一人でこなしながら進める必要がある。一人チュータリングが苦手な受講生に対して二人の受講生がペアになり、互いにＡ（チューター）の役とＢ（チューティー）の役を交代しながら学習を進め

るこの方法は特に有効なようだ。

　読むことや書くことは、最終的には一人で行う作業だが、読み書きの過程で仲間と協調的に文章を「練る」ことで、一人で行う作業の効率や質をあげることができる。

　相互教授法は、小学生から大学生まで、誰でもどの教科でも、明日から使える協調学習の方法だ。友人と一緒に学習する機会があれば、ぜひこの方法を試してみてほしい。

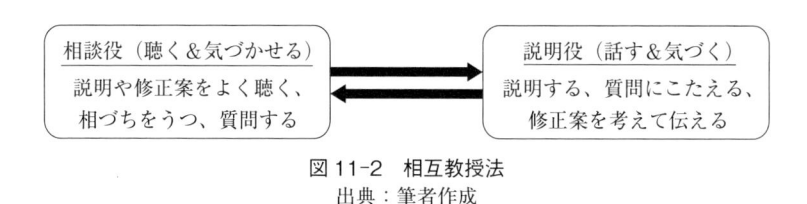

```
相談役（聴く&気づかせる）　　⇄　　説明役（話す&気づく）
説明や修正案をよく聴く、　　　　　説明する、質問にこたえる、
相づちをうつ、質問する　　　　　　修正案を考えて伝える
```

図11-2　相互教授法
出典：筆者作成

4. おわりに

　未来大は歴史が新しい分、学生の学びを支援する新しい仕組みを大幅に取り入れて教育を行っている。紹介したようなピア・チュータリングや協調学習、相互教授法を実践している大学は、まだ数は多くないが他にもある。どの大学に行くとどんな学習ができるかを調べて、自分が体験したい学びの像を明らかにしよう。そして、それを支援してくれる大学を目指そう。

　大学は、楽しく、そして効果的に学ぶためのさまざまなサービス、施設、学習方法を用意してあなたを待っている。ぜひ、大学で一生ものの学びを経験してほしい。

（椿本弥生）

注

1) 文部科学省(2013)学修環境充実のための学術情報基盤の整備について(審議まとめ)、http://www.mext.go.jp/component/b_menu/shingi/toushin/__icsFiles/afieldfile/2013/08/21/1338889_1.pdf 参照日2014年2月27日。
2) 河西由美子「自律と協同の学びを支える図書館」山内祐平(編)『学びの空間が大学を変える』ボイックス、東京、pp.101-127、2010年。
3) ベネッセコーポレーション(2013)偏差値一覧. Benesseマナビジョン、http://manabi.benesse.ne.jp/univ/search/nanido/ 参照日2014年2月27日。
4) 椿本弥生・大塚裕子・高橋理沙・美馬のゆり(2012)「大学生を中心とした持続可能な学習支援組織の構築とピア・チュータリング実践」『日本教育工学会論文誌』36(3)、313-325
5) Palincsar, S.A and Brown, L.A (1984) Reciprocal Teaching of Comprehension-Fostering and Comprehension-Monitoring Activities. COGNITION AND INSTRUCTION. 1 (2), 117-175

第12章

国語と日本語

1. 国語の勉強

　ここでの「国語」とは、あなたたちが小学校以来ずっと勉強してきたあの「国語」のことだ。学校ではやたらと授業時間があるけれど、日常生活で困ることはあまりないし、家で勉強することはそんなになかった……。宿題以外そもそも何をすればいいのか、よくわからない……。そんな思いをしてきた人が多いのではないだろうか。特に定期試験と模擬試験を考えたら、「国語」の勉強のしにくさといったらない。
　古文や漢文は文法や句法と主要語句などを覚えると、学校の定期試験でも模試でもそれなりの点数がとれるので勉強のしがいがある。しかし、現代文となると事情が違ってくる。定期試験での勉強は模試にはほとんど役立たない。問題文が違うから、定期試験用に覚えたことが使えないのだ。せいぜい、漢字や語彙を増やすといった程度。模試や入試対策として、知らない文章が出てきても慌てないように、問題集などで未見の文章に頭を慣れさせておこうとした人もいるだろう。
　そんな、勉強のしがいのあまりなかった「国語」は、大学に入ってもまだあるのだろうか。

2. 大学にも国語はあるの？

　結論を言えば、大学で「国語」はなくなる。でも、関連する内容がまったくなくなるかというとそうでもない。

　なくなるけれど、なくならない。その辺の事情を高校の「国語」で勉強している事柄と、大学で勉強する事柄をつなげることで説明してみよう。

　「現代文」の教科書の中の文章は主に論説文と文学（小説や詩歌）だ。このうち、文学に関する科目は大学の「一般教養科目」や「専門科目」と呼ばれる授業科目の中にある。文学に関する科目では文学そのものやその解釈を学ぶ。情緒、感性、心情が中心的な話題だ。一般教養科目のほとんどは選択科目なので全員が履修（授業に登録して単位を取ろうとすること。「とる」と略して言うことが多い）する必要がない。文学の専門科目は大学で文学に関することを専門に勉強しようとする人向けの科目だ。文学部の中の日本語日本文学科や教員養成学部の国語科などに入っている人に向けた科目と言える。

　「古典」科目も要するに古い日本や中国の文学なので、「現代文」の小説と同様に文学を専門に勉強する人たち向けだ。

　「古典」は高校だと古典文法が中心だったし、古典の勉強は文法の勉強と思っている人もいるかもしれないが、大学になるとすこし違う。「日本語学（昔は国語学といった）」というのを専門に勉強する人に関係する。これをとるのも文学部の日本語日本文学科や教員養成の国語科の人ぐらいだ。

　つまり、ほとんどの人にとって、大学に入ったら「国語」の大半は姿を消してしまうのだ。

3. 大学では国語であまりやっていないことが大切になる

　高校でやっていたことの大半が大学ではなくなるということは「少し」は残るということだ。その「少し残ること」が大学ではどうなるのか、その点について説明しよう。

　まずは「論説文」、これはずっとある。簡単に言えば多くの授業が論説文を読む勉強とも言える。論説とは「物事の理非を論じたり説明したりすること」(『広辞苑』)で、つまりはいろいろな事柄の道理や筋道を情緒や感性や心情に訴えるのではなく、論理的に説明することだ。

　高校の論説文の話題は、作者自身の「物の見方」などを述べた思想系のものに偏ることが多いが、大学ではその話題が全方位的に広がる。多くの人が4年生になって取り組む卒業論文は、それぞれの専門について、まさしく論説文を書くことだし、そのためにたくさんの論説文を読むことが必要になる。特に文系に入った諸君は「…演習」とか「…ゼミ」という授業をとることになるが、それらは全部論説文を読む授業だと思っていい。

　次に「作文」。高校だと小論文という作文があったはずだ。テーマだけが与えられるものや、文章やデータを示した図表をもとにして自分の考えたことを書くというタイプがほとんどだったはず。大学ではそれに留まらない「作文」が求められる。しばしば課題として提出を求められる「レポート」一つをとっても、指示した図書を要約せよという条件があったり、あることを調べてその報告をせよというもの、自分の考えを述べよというもの、それらを組み合わせたものなど、多種多様の経験をするだろう。

　また、大学の試験は論述形式、つまり文章で答える形のものが多い。A4やB4の紙を1枚渡されて、「…について説明せよ」という試験だ。律儀に原稿用紙を使って字数を決める教員もいるだろうが、ノートのB罫からA罫の幅程度の字の大きさを目安にして、片面あるいは両面を使って書け、ということが多い。A4判の用紙で片面なら600字から1,000字

程度だろう。とにかく授業科目を問わず、ある程度の長文で書くことが求められる。

　さらにもうひとつ。口頭で発表することも残る。自分で資料を作ってそれを使いながら説明したり、発表を聞いて質問したりするといったことが求められる。これは高校ではあまり行われることがないだろう。本当はすることになっているのだけれど、国語関係の入試問題はほとんどが読解で、あとは小論文ということもあって、授業では一人ひとりが10分程度あるいはそれ以上の時間を使って口頭発表をするということをめったにしない。

　つまり、授業の内容はいろんな学問分野の内容に応じていろいろなのだが、読んだり、書いたり、話したり・話し合ったり、という国語で訓練することになっているスキル（技能）が多くの科目で要求される。前に「少し」は残ると書いたが、その「少し」、つまり高校の国語であまりやっていないことがらを、大学ではたくさんやることになる。

4. 大学の国語──高校の国語でやらなかったこと

　文学や文法などの「国語」は姿を消すけれど、「読む」「書く」「聞く」「話す」というスキルは大切なものとして残る。

　大学に入ろうとする人は、このことをどう考えたらいいだろうか。こういうスキルに自信がない人もいるだろう。しかし、とりあえずは、高校の国語、とくに小説や古典の問題が苦手だったり成績が良くなくても「心配ない」。大学では高校の国語とは質の異なる授業をするからだ。

　次には、大学の「読む」ことやそれと関連した「書く」ことを中心にどんな勉強が行われるのかを紹介しよう。

（1）大学での「現代文」

　大学で読むのは論説文で、しかもその内容は授業科目のテーマによっていろいろと異なると述べた。とくに所属するゼミや取り組む卒業論文の

テーマが決まったならば、関連するそのテーマの論説文をたくさん読むことになる。それらの論説文は「論文」と呼ばれる。大学での論文の読み方について説明しよう。

　a　難しい文章を読む

　これまで読んだことがないテーマの文章や、使ったことのない難しい言い回しや言葉が使われている難解な文章を、国語辞典やその専門領域の辞典を使いながら、1ページを何分もかけて読んでいくという学習もある。英語の論文を読むというのがイメージ的には近いかもしれない。大学では日本語の文章も英文解釈のようにていねいに読解する練習をする。高校では先生が解説したり、誤解しやすいところを質問して間違いに気づかせてくれたりする。大学の場合は教員が解説する前に「あなたはどう理解しましたか」と聞くことがある。わからないことがたくさんあったり、どこがわからないかもわからないという状態になったりする時もあるかもしれない。だが大丈夫だ。そのような難しい文章を読ませる授業の場合、最後は教員が丁寧に説明してくれるはずだ。

　b　長い文章を読む

　高校の教科書の論説文の分量は多くても10ページ。それらは何らかの学問的な成果を背景にして、コンパクトにしたエッセイ風のものが大半だ。大学になると1冊丸々読まなければならないこともある。1冊と言っても本によってページ数がだいぶ異なる。一つの基準は「新書」だ。高校の図書館には必ずおいてあるはずだ。あなたが使っているスマートフォンを少し大きくした位の小さなサイズの本を「文庫」と言うが、それを少し縦長に引き伸ばしたサイズの本が「新書」だ。

　新書は1冊ごとのタイトルとは別に「岩波新書」とか「ちくま新書」「中公新書」といった「…新書」というシリーズになっていて装丁のデザインもシリーズで統一されている。それらの背表紙や目次を見てみて内容を想像すると、歴史や医療、政治、などさまざまなテーマをもった本が新書の

中にはあることに気がつくはずだ。中には厚いものもあるが、だいたい250ページ前後。これを1冊まるごと読むというのが基準だ。授業によっては、新書よりもサイズは大きいが薄くて、扱うテーマを絞った100ページ未満の「ブックレット」というタイプの本を使う場合もある。

c　目次や見出しを読む

　新書やブックレットなどに共通しているのは、全体がいくつかのブロックに分けられている（章という）こと、そしてそのブロックが入れ子構造（バッグ・イン・バッグに似ている）になって、さらに小さなブロック（節という）に分けられていることだ。章や節のタイトルが本の最初の「目次」に示されている。「中公新書」の中の1冊、安田敏朗『「国語」の近代史』[1)]の目次の一部分は次のようになっている。

```
はじめに
序　章　「国語」を話すということ ……………………………… 3
第1章　国民国家日本と「国語」・国語学 ……………………… 35
　　　　1　「書いてわかる」ことの意味 ……………………… 36
　　　　2　「国語」のつくり方 …………………………………… 43
　　　　3　ナショナリズムとしての国語国字問題 …………… 56
　　　　4　「国語」と国語学 ……………………………………… 74
第2章　植民地と「国語」・国語学 ……………………………… 89
　　　　1　「同化」のための「国語」 ……………………………… 90
（以下省略）
```

　「第○章」とあるのが「章」で、その下の「1 …」とあるのが「節」だ。目次には示されていないが、「節」の中がさらに細分化されていて「小見出し」がつけられていることも多い。この本の第1章1節の中は5つに分けられて、「明治初期の言語論」「国民動員のための『国語』」「法律のことば」「軍隊のことば」「『話してわかる』へ」といった小見出しがつけられている。章や節、さらには文中の小見出しは、筆者による要約ともいえる。

授業で「目次を読んで、内容を想像しよう」と要求される場合もあるかもしれない。実際、私の知り合いに、読んだことはないのに目次だけでその本の概要をちゃんと言い当てる教員がいる。あなたの進む大学にもそんな教員がきっといるはずだ。その本で扱っているテーマについての知識がないと、さすがに想像するのは難しいが、知識が増えてくると目次を「読む」だけで本の概要をつかむことができるようになるかも知れない。数年後のあなたの目標にしたらどうだろう。

（2） 大学での「作文」

次に作文に目を向けよう。長文を書くことが増えるといったが、要約をする機会もずいぶん増えるはずだ。そしてこの要約こそが、大学生の「作文」にとって、基本中の基本だ。

a 要約

私が高校生の頃は、「天声人語」（朝日新聞）、「編集手帳」（読売新聞）など、新聞の第1面の下の細長いスペースに書かれている記事（「コラム」と呼ぶ）を要約するという宿題がよく出された。身近の学生諸君に聞くと今でもしている先生がいるらしい。さて、このコラム欄の要約は実は難しい。主張を曖昧にしているときがあるからだ。曖昧にしておいて、「ここまで書いたんだから、何が言いたいか後はあなたが補ってよ」という展開の文章だ。そういう書き方もあるのだ。となれば、書いたままを要約すると何が言いたいのかがよくわからないということになる。難しいというわけだ。

大学で読む文章の多くは賛成だとか反対だとか「…すればいい」とか、「…という考えやアイデアがある」など、言いたいことを明示しているものがほとんどだ。もちろん、知らない言葉やわかりにくい表現で書いているものもあるが、それは書いていないということではない。1文ずつ積み重ね、段落を重ね、「言いたいこと」に近づいていく文章という点では同じだ。

大学での要約の課題は、「この本で言いたいことは何か、端的に述べなさい」というのも確かにあるが、言いたいことに近づくための論証の過程（何を根拠にするか、自分の意見とは異なるが無視していけない意見への対処など）をも含んだ要約を求めるものが多い。となると、だいたい1段落ごととか、長くても小見出しごとといった、小範囲ごとの要約ができることが基本となる。その小単位を積み上げて書物の正確な理解をすすめていくという態度が重視されるというわけだ。

　読んだら要約。「…ゼミ」や「…演習」では、この要約を訓練する教員もいる。中堅大学の演習科目はクラスサイズが小さい。そのためにこの要約の訓練も丹念に指導ができる。高校での要約の練習を十分にしてきていないことを想定して指導する教員が多いはずだ。何せ、これが卒業論文作成の「基本のキ」だから、遠い道のりも一歩からという訳だ。

b　要約のための復習

　小学校から何度も見てきた「しかし、ただし、そして、さらに、ようするに、また、および、まず」という言葉。言葉と言葉、文と文、意味の塊同士の関係を示すのだが、これらの言葉を目印にして、文章の流れ（論の展開）を読んでいくということは大学でも変わらない。変わらないけれど、意外に忘れてしまっている。

　試験で、これらの言葉を空欄補充する問題がよくある。あれは、その言葉を挟んで、前と後ろがどのような関係になっているかを尋ねる問題だ。問題を解くためには、空欄の場所を挟んで、前と後ろのそれぞれの言いたいことが分かっている必要がある。つまり、あの問題は、補う言葉自体の意味や役割を知っているかどうかだけではなく、前後の「要旨」の把握ができているかどうか尋ねる問題だったというわけだ。

　高校の現代文の参考書に、「イコールの関係」「対立の関係」「付け加えの関係」というように、1文ごとや段落ごとの関係を確かめながら読むことを強調するものがある。それは読むときに要旨を把握しながら、つまり要約しながら読むことを強調しているということだ。

みなさんの中には中学生の頃、説明文の授業で、ナンバリング（文や段落の意内容のまとまりごとに番号を振ること）やラベリング（自分なりのラベルを付けること）といったことを勉強した人がいるかもしれない。その学習もこの要約読解だ。

要約という作文は、読むことの学習の有効な手段だったわけだ。

5. 中堅大学の授業の実際

ここで私が担当している大学の「国語」に関わる授業をちょっと紹介しよう。ちなみに私が勤務しているのはまさしく地方の中堅大学。授業科目名は「研究基礎セミナー」。今年の私のクラスは20名、例年よりちょっと多い。高校のクラスサイズから考えるとおよそ半分。しかし大学のこの種の授業としては、かなり多くて、教師が対応できるぎりぎりの人数だ。何が「ぎりぎり」なのかは後で説明しよう。

授業は半年間弱、全部で15回（1回90分）行う。内容的には大きく次のような3つのパーツに分けられる。

Part 1　大学図書館の利用の仕方、いろんな資料とふれあう
Part 2　要約練習
Part 3　1冊の図書紹介を中心とした発表

Part 1は、大学の図書館のOPAC（「オーパック」と呼ぶ。コンピュータで検索する電子蔵書目録）の使い方や、実際に図書館の中を散歩しながら、装丁・大きさ・重さの違ういろんな形の図書・雑誌に実際に触れる。読むというより持ってみたり開いてみたり、時には紙の匂いをかいだりもする。図書に親しむためには最初は身体運動が大切なのだ。先ほど紹介した「新書」などもこのときに触れることになる。これらの内容は3～4回でのんびりと進める。

Part 2は、この授業の中心だ。わかりやすい新聞の論説記事を使って、段落ごとの要約練習から始める。最初は国語の教科書よりずっと少ない分量だ。ひさしぶりに要約をやる人や要約の苦手な人も多い。時間内で要約

してもらってから、私の見本と比較。どこがうまく要約できなかったかを学生同士で意見交換。その後、自信がない人の個別の相談を受ける。これを2回ほど。その次は、各自で選んできた新書の1章分を要約する。いきなり10ページを超えるような分量を要約するのではなく、節の中の「小見出し」ごとに要約。これを3回ほどに分けて行う。

　Part 3は、自分が関心のあるテーマ（といっても、私のクラスは日本語や日本文学を専門にしようとする人のクラスなので一定の偏りがある）の新書を1冊選んで、1冊全部を要約して、その内容を発表するというもの。これは本の選択や、1週間にどれぐらいのページを要約するかの計画も含めて個別に相談を受けながら進めていく。これが3回。その後、紹介レポートの簡略版資料（A3判で1枚）をつくって、みんなが発表。

　以上のような流れだ。何度か要約をしていることがわかるだろう。最初は授業内だけれど、後は持ち帰りの課題になる。授業では提出された課題を確認して、学生の質問や相談に答えたりして進める。要約レポートを書くときには形式的な決まり事がある。日本語の文章を書く時の書式についての約束事だ。その約束を守るのが大学の勉強ではとても大切になる。例えば、段落の最初は一文字分下げる、句読点（「、」や「。」）を行頭に置かない、長すぎる文や段落は読みやすくなるように分割するなどだ。その形式的な決まり事を高校では厳しく教えることがないので、最初の内はみんな「こんな細かいところを注意するの？」という感じで戸惑う。そこで同じことを何度か繰り返し指導する。

　高校の時に、毎時間のように作文を書かされ、それらがチェックされて返却され、また次、ということを経験したことがある人はそう多くはないはずだ。つまり、少人数じゃないとできない。あなたの高校の先生が40人の学級でそれをしていたら、その真面目さに拍手だ。私は以前、高校の教員だったけれど、そんなことはできなかった……。はじめに「教員にするとぎりぎりの人数」と書いたのは、こんな事情があったからだ。

6. おわりに

　大学では高校の「国語」ではあまりやってこなかったことが必要になる、そんなことのいくつかを紹介してきた。大学で必要になるこれらをこなす力は卒業後もずっと必要な力だ。単純にいえば「日本語」を読み、表現する力だ。だからもう一度繰り返す。国語コンプレックスの人はご心配なく。高校までの国語の成績が悪かった人でも大丈夫だ。大学で心機一転、「日本語」を頑張ればいい。このことは大抵の学生にとってそれほど難しいことではない。あなたたちが日常的に使っている日本語のさまざまな使い方を学ぶことは、楽しいことなのだ。

　この章のタイトル「国語と日本語」とは大げさに言うと、高校の「国語」から解放されて、大学でしっかり「日本語」の力をつけてほしい、そんな意味をもっている。「日本語」の力をつけるために、大学では「アカデミックスキルズ」とか、「…の基礎」というような入門科目を準備している。さらに、あなたのゼミの先生が大学生にふさわしい「日本語」を教えてくれるだろう。

（内藤一志）

注
1)　安田敏朗『「国語」の近代史』中公新書、2006 年。

第13章

文化人類学的フィールドワークを楽しむ

1. 文化人類学を学ぶには

　文化人類学は高校までにはない科目だ。文化人類学はもともと異文化を理解するための学問で、それは自分の文化を十分理解し、基礎学力を身につけたうえではじめて可能となる。しかし自分の文化を十分に理解していると自信をもっていえる人などいない。だが、この本の読者の皆さんは心配しなくともよい。なぜなら大学に入学したということは、それだけで皆さんには文化人類学を学ぶ基礎学力があるといえるからだ。

　文化人類学を学ぶ人は誰でも、いろいろな文化に関心をもっている。自分の国の文化を理解しているつもりで、異国の文化を学ぼうとする。その時初めて自分が自分の文化を十分に理解していなかったことに気づくのだ。当たり前と思っていたさまざまな事柄が、異文化に接することでまったく違ってみえてくる。異文化を学ぶことは同時に自分の文化の新しい側面を知り、その見方が異文化をさらに深く理解する手掛かりになる。大学はさまざまな文化を学ぶ場所だから、大学に入学した皆さんは誰でも文化人類学を学ぶスタート地点に立ったと言える。

　文化人類学を専門的に学べる大学の数は全国的には約80校ある。大学院では100校前後だ。ただし、教養課程などで単独科目として教えられている科目を含めると、先にあげた数の倍以上になる。日本の多くの大学で文化人類学は必要とされている。

2. 文化人類学に関する誤解

では文化人類学とはなにを学ぶのだろうか？「文化人類学」という字面から、いかにも難しそうで、硬い印象を受けないだろうか？ レベルが高く、奥が深く一般の人にはとっつきにくい学問に思うかもしれない。だが実際には、まったく逆だ。現代社会の身近なテーマについて、研究室で本を読みながら研究するのではなく、現地に行ってそこの人々と一緒に暮らしながら研究する。世界のさまざまな民族の実際の生活の研究を通して、人間とはなにか、世界とはなにかを考える学問だ。実際に現場を歩きながら考える学問なので「歩く哲学」といってもいい。

人類学を専攻していると言うと、ちょくちょく「北京原人やネアンデルタール人を研究なさっているのですか」と聞かれる。学問の名前に"人類"がついているために生まれる誤解だ。"文化人類学"は基本的に、今生きている人たちを対象にしている。誤解といえば他にも「サルやチンパンジー、ゴリラの研究ですか」と聞かれることもある。しかしサルやチンパンジーは類人猿ではあるが、人類ではないから文化人類学者は類人猿の研究はしない。

また人類学と聞いて、ヒトの骨格など人類の身体の研究を思い浮かべる人もいる。だがそれは理科系の学問の自然人類学（形質人類学）という学問の研究分野だ。

文化人類学は別名を「民族学」という。民族学と同じ読みの「民俗学」と間違えられることが多い。民俗学とは明治時代に柳田國男が創始した学問で、歴史に記されないような民衆の口承文化を対象とし、「日本人とは何者か」「日本人はどこから来たのか」ということを考えることからはじまった。文化人類学は20世紀初めにヨーロッパ人が創り出した学問だ。これに対して民俗学は日本人による日本人のための学問といえる。文化人類学と民俗学は方法論も似ており、最近では文化人類学者も日本文化を対象とすることが多いため、混乱が深まっている。だが民俗学は原則とし

て、日本人が日本文化を研究する学問だが、文化人類学にはそのような制限はない。

　近年では文化人類学者が日本国内の日本人の社会集団でも、異文化集団ととらえて研究対象とすることがある。たとえば日本でいえば、アニメ・アイドル等を好む「オタク」集団など、主流文化とは異なる部分的な文化、つまりサブ・カルチャーを好む集団を対象にする文化人類学があり、それは「自文化内人類学」として研究者も多い。

　もう少し詳しくいおう。従来であれば子供の娯楽であったアニメに「いい年をした大人」が夢中になり、周囲からは異様にみえるかもしれない「オタ芸」などに興じている集団を、いかに理解するかということも対象になる。彼らがどのような思いでそのような趣味に没頭しているのか、彼らを生み出した社会的な背景は何なのかを分析する。つまり同じ「民族」（日本人）であっても、異質な文化をもつ者を他者として理解する研究も可能だ。

　文化人類学のこれとは異なる見方に、さまざまなテレビ番組でみるような「未開の」民族の奇妙な儀礼や習慣を調べる学問というイメージがある。これはあながち間違いとはいえない。というのも、もともと文化人類学という学問は、「未開」の文化を研究することからスタートしたからだ。もちろん今でも「未開」とイメージされるような地域に出かけ研究を続ける文化人類学者も多い。だが、現在の文化人類学の対象は世界中の民族、狩猟民、牧畜民、農耕民から、先進国の大都会に住む人々まで広がっている。今となっては「未開民族」の研究は、文化人類学の幅広い領野の一角にすぎない。

　文化人類学とは、簡単にいうと人間探求の学問だ。世界にあるさまざまな地域のさまざまな民族や集団の中に入り込み、生活に溶け込んでその文化を研究する学問ということになる。

3. 文化を比較する視点

ではテレビ番組の『世界ふしぎ発見』（TBS）や『世界の果てまでイッテQ』（日本テレビ）などと文化人類学はどう違うのだろうか。テレビ番組では「こんな不思議な人たちや風習がありますよ」という風に、私たちとの違いを強調することに腐心する。たとえば「タイの人たちは水牛でレースをやってますよ」「ヨーロッパでは食器を洗った後、洗剤をすすぎませんよ」というように、奇異な点をことさらに取り上げる。その視点は純粋な好奇心からはじまっているとは思うが、どこか高いところから見下ろすような目線を感じる。とくにその視点を顕著に感じるのは、「未開の部族」を日本に連れてきて、日本の高度な「文明」に触れさせ、その人々が驚く様をみて楽しむような番組だ。多くはほほえましく演出しているが、日本人の優越感を満たしている側面があるのは否定しがたい。

私たち文化人類学者も、もちろん文化の違い（差異）に興味をもつが、文化に優劣はつけない。その地域や民族がもつ文化的合理性を解き明かし、文化と文化の間の橋渡しをしようとする。さらに民族や文化間の違いのみにこだわるのではなく、人類に通底する共通性をみようと心がける。

4. なんでもありの文化人類学

先にも述べたとおり文化人類学の対象は人間であり、人間とはいうまでもなく多種多様で複雑怪奇、変幻自在である。同じ集団でも見方を変えれば、まったく違う側面がみえてくる。となると文化人類学も当然、なんでもありということになる。

文化人類学の研究分野もまさに多様だ。私のように呪術や儀礼を対象としている研究者もいれば、私の先輩のように韓国のテコンドーをテーマに博士の学位をとった研究者もいる。最近ではアイドルのAKB48をテーマにして学位をとった研究者もいる。

文化人類学の「〇〇人類学」という名乗りは種類が多い。宗教人類学、教育人類学、医療人類学、性の人類学、出産の人類学、子供の文化人類学、子育ての文化人類学、経済人類学、消費人類学、政治人類学、法人類学、映像人類学、精神人類学、死生観の人類学、身体表現の人類学、スポーツ人類学、情報人類学、歴史人類学、象徴人類学、構造人類学、命の文化人類学、エイズの文化人類学、観光人類学、開発人類学、やくざの人類学、ヒップホップの人類学……、まだまだあると思うが数え上げるときりがない。

私が勤務大学で指導する文化人類学ゼミでの卒業論文のテーマをみても、函館の七夕、秋田の竿灯まつり、納棺師、成人儀礼、岩手県遠野の交通文化、Twitterと社会運動、レディ・ガガとアメリカの宗教文化、函館の夜景文化、日本におけるサッカーと漫画の関係性、EXILEと商業音楽、日本の重ね着文化など、同じゼミの学生の卒論と思えないほどバラエティに富んでいる。

この中に、読者の皆さんも何か興味があるテーマがあったのではないか。無いなら無いで、自分で新しい「〇〇人類学」をつくってもかまわない。これが文化人類学の自由さであり、魅力だ。

5. テーマは当たり前のこと

文化人類学の対象は人間に関わること全般である。とはいえ、壮大なことを考える必要はない。身の周りの当たり前のことが研究対象になる。たとえば皆さんは、なぜ美人は美人なのか、なぜニワトリは「コケッコッコー」と鳴くのか、どうしてウンチやフケや唾は汚いのか、などということを考えたことはあるだろうか。皆さんは当然過ぎて考えたことなどないかもしれない。しかし考えてもみないことを考え、追求するのが文化人類学なのだ。

上記の例のうちで一つだけ美人の件を記しておこう。私がインドネシアに留学していた時、バリ島の男友達たちと観光地に来る日本人女性グルー

プを見て、どの女性が美人かという遊びをやったことがある（今考えるととても悪趣味な遊びであるが、若気の至りということでご容赦ください）。すると、ことごとくバリの友人たちと好みが重ならない。これには明らかに傾向性がみてとれた。私が選ぶ女性は日本のテレビ番組でよく目にするような細身で目鼻立ちがはっきりしたタイプだったが、バリの男性が選ぶのは色白でどちらかというとふくよかな（私の目からみるとふくよかすぎる場合もあるように思えたが）タイプの女性がほとんどだった。彼らに理由を聞いたところ、肌が色白いということは、外で仕事をすることがない深窓のお嬢様のイメージがあり、またふくよかさは裕福であることを表しているのだそうだ。それを聞いて私は、「ダイエットに躍起になっている女の子はそんなことをしなくても、バリでは引く手あまたのモテモテになるだろうに」と世の日本女性に知らせたくなった。

　ここで私（私たち）が知るのは、美人の基準とは文化によって規定され学習されるものだ、ということだ。タイ北部のパダウンの女性は首が長ければ長いほど美人だし、エチオピアのムルシの女性は唇に嵌めた皿が大きければ大きいほど美しいとされる。これらの人々の美人観は私たちからみれば奇異にみえるかもしれないが、その文化なりの合理性がある。考えてみれば同じ日本人の美人観といっても、平安時代の美人とはしもぶくれの糸目の女性のことをいい、現在の尺度からみると美人とは程遠い。美というものが絶対的なものではなく、時代や地域によってさまざまであり、相対的なものであることがわかるだろう。

　私たちの当たり前も永遠不変のものではないことが、ささやかなテーマからみえてくる。

6. 小さな疑問をもって世界へ

　文化人類学の対象は全世界の全文化だが、それらの研究のはじまりは、上述したようにささやかな疑問からだ。自分が今住んでいる地域を含む世界に足を運び、見聞し、話を聞き、経験する。驚きと発見に満ちた知的活

動が文化人類学の第一歩だ。

　当たり前で自明のことと考えていたことに疑問をもち、考え、答えをみつけたときの感動は筆舌に尽くしがたい。そこから人々の文化や社会のあり方、人間そのものの面白さや可能性がみえてくる。小さな疑問から世界を展望するダイナミズム（迫力）が、文化人類学にはあるのだ。

7. 文化人類学のフィールドワーク

　大学の授業というと大教室の講義や、ゼミ室で学生が発表や議論をする演習が、思い浮かぶだろう。講義も演習も大学の一般的な授業形式だが、大学の授業はそれだけではない。他にもいろいろな形式の授業があるが、ここでは文化人類学の基本的な研究方法である「フィールドワーク」を紹介する。

　フィールドワーク（野外調査、実地調査）とは現地を実際に訪れ、研究対象を直接観察し、現地の人から聞き取りをするなどしておこなう研究方法だ。文化人類学固有の研究方法というわけではなく、他の分野でも現地訪問し関係者に話を聞いたり、観察したり、測定したりすることを広くフィールドワークとよんでいる。大学では理系文系を問わず、学外で行う研究教育を指すことが多い。

　現在大学は、学者が現実離れした研究に没頭する「象牙の塔」ではなくなっている。教員も学生も、大学の外に出ていき、解明すべき問題を発見し、解決方法を工夫する「現場力」や「実践力」という能力をもつことが望まれている。そのような能力を教育する方法としてフィールドワークが用いられているのだ。

　最近、フィールドワークは大流行といってもいいくらいで、さまざまな学問領域でフィールドワークという言葉が使用される。しかし、ほとんどの場合、数日間現地で見学する、役所や博物館で話を聞いて資料をもらうなど、その程度のことが多い。美術専攻の学生を奈良の博物館に連れていく研修旅行や、フランス文学専攻の学生をフランスに連れて行き作家の生

家を訪ねるツアーを、フィールドワークと称していることもある。以前大学での学問の多くが、文献研究やデスクワークで済ませていたため、研究対象の場所に行くだけでもフィールドワークといわれるようになったのだろう。

一方、文化人類学的フィールドワークでは、イヌイットの住む北極だろうが、アフリカのサバンナだろうが、東南アジアのジャングルだろうが、移民ヒスパニック集団の住む大都会ニューヨークだろうが、研究対象である地域や社会集団に研究者自身が参加し、現地・現場の文化をそこに直接参加して観察（参与観察）することが必要となる。

さらに詳しくいうと、調査者自身が長期（1年から数年）にわたって対象社会の中で生活し、現地の人々との間に信頼関係（ラポール）を築き、その中で調査を進めることが望ましいと考えられている。ある地域や集団の人々と寝食を共にし、言語を習得することで、対象社会の人々の視点に近い視点で現象を理解することを目指す。

ただし大学の授業で行う文化人類学的フィールドワークは時間やお金の制約があるため、どうしても大学の近隣地域で短期間行うことになってしまう。本格的な異文化体験はできないが、同じ地域に住む地元の人が自分たちとは違う視点をもっていることが学べることや補充調査を繰り返し行うことができるなどの利点もある。

自分の日常と大きく異なる文化を体験するには、海外調査が必要だ。お金や時間や十分な基礎学習が必要なので学部の授業では難しい。本格的に異文化体験をしたい人は文化人類学の専門の大学院に進学する。

8. 言葉を覚える

文化人類学では言葉を重視する。言葉は単なるコミュニケーションの道具ではない。思考を組み立て、世界を表現する人類最大の発明といってもよい。しかしある言語を他の言語に翻訳するのは、思ったよりも難しい。

たとえば色の問題を考えてみよう。視覚は人類共通の機能だから、どの

民族であれ光の波長は同じように知覚できているはずだ。しかし虹が何色にみえるかと質問されると、日本や朝鮮半島、中国、フランスの人々は7色と答えるが、英米人には6色と答える人もいる。ドイツ人は5色ともいう。色彩の種類が少ない人々もその色がみえていないわけではなく、彼らの使っている言語にその色を指示する言葉がないのだ。一方で、北極圏に住むイヌイットの人々は私たちなら「白」としか表現しようのない雪や氷の世界を、十数種類の表現で使い分ける。

　魚の例をみてみよう。同じ種類の魚に対し成長の度合いによって呼称をかえる日本の出世魚（たとえばボラはオボコ → スバシリ → イナ → ボラ → トドのような）の言語システムが理解できない外国人は多いだろう。

　このように、言語には世界を区分する機能があるが、切り分けるポイントは恣意的で、その恣意性は文化によって規定されている。私たちはその恣意性を体験的に理解するために、フィールドに入らなければならないのだ。

9. フィールドワークは準備からはじまる

　表向きはフィールドワークと旅行は似ているようにみえる。フィールドワークと旅行が異なるのは、フィールドワークには学術的に綿密な下調べが必要な点だ。旅行でも下調べは必要だが、現地では見る・聞く・感じることをそのまま受け入れればよい。それで旅行の目的は果たせる。

　だが、フィールドワークには学問上の目的があり、その目的に沿った調査計画を立て、調査を終えると報告書（民族誌）を記述しなければならない。学問上の目的というのは、当該地域の文化理解や問題発見、住民同士の相互行為が生み出す意味の解釈等、多岐にわたる。フィールドワークは、地域の人々にとってありふれた日常の中において実施される。ありふれた日常を観察するからといって、学問上の目的は、すでにわかっていることをあらためて発見し、考察することではない。

　フィールドワークの手順について説明しよう。私はインドネシアのバリ

島をフィールド（調査対象地域）にしている。フィールドワークに入る前に、バリ島や調査目的に関する文献を集めて、目を通す。というのは現地で自分の感性や情報収集能力だけではとらえ損なうものがあるかもしれないからだ。さらに自分の研究テーマについて、すでに他の研究者が調査し考察が終わっていないかどうか確認する必要もある。過去の事実や先行研究を知ることによって理解できる現実もある。「現場に行けばなんとかなる」「みればわかる」という姿勢では、フィールドの人たちに失礼なばかりか迷惑をかける場合が少なくない。ゆえにあらかじめフィールドの情報を収集することが、フィールドワークの第一段階だ。

　フィールドに出発する前に、文献資料や映像資料、インターネットなどで情報を集め、さらにフィールドワーク後にフィールドで獲得した資料をそれらと照らし合わせて読解する。あるフィールドワーカーは、このような姿勢を「書をもって街へ出よう」といい表した[1]。

　以下、学生たちのフィールドワークの経験を紹介していこう。

10. 建前と本音、現場の言葉

　事前に先行研究の文献を熟読したからといって、現場の状況とその記述と必ずしも一致するわけではない。

　平成24年に授業の一環として行ったX市の神社の例大祭の事例を紹介する。

　例大祭で神輿を担ぐ成人男性の氏子集団M会の入会規定について学生が調査した。書類上は「神輿を担ぎたい人は誰でも入会可能」とあり、実際会長はインタビューでも「誰でもウェルカム」と答えていた。しかし複数の会員に同様の質問をしてみると「誰でも、といっても、会員はみんな市内の社長クラスの自営業者か一流企業の役員だ」や「会長のおメガネにかなった人でないと入会できない」という意見がみられた。学生たちは事前に作成した質問項目を問うただけにとどまらず、現場の人々と親しく交わるうちに文献資料や会長の言葉では不十分と感じ、「裏を取る」ために

複数の情報源にあたったのだ。つまり学生たちは調査の中で、地域文化における暗黙の了解を発見したのである。このような情報はインターネットや文献調査では読み取れない部分であり、フィールドワークでしか獲得できない情報といえるだろう。

11. カルチャーショックの達人を目指す

　ここでは私の指導する学生におこったカルチャーショックの経験を紹介しよう。カルチャーショックとは、ある文化に接し、その文化に対する自分の思い込みや偏見に気づき、とまどい、ときに考え方すら瓦解してしまうような心理的なショックのことをいう。

　平成25年9月にQ市のあるキリスト教会のフィールドワークをした学生A君（3年生、男性）の事例を紹介したい。キリスト教は日本では圧倒的な宗教マイノリティだ。A君はその理由を、キリスト教の「復活や奇跡を信じる」「天の国」「唯一神」などの考え方や価値観は日本人には理解しがたいこと、さらに少数派ゆえに他の宗教に対して過度に潔癖になり排他的になっていることがあるのではないかと考えていた。

　ところが実際に信者の方々にインタビューをすると、その方々は生家に帰るとお盆には仏式の墓参りをするなど他宗教にも寛容な姿勢がみられ、排他的ではなかった。そこにA君は初詣や墓参り、クリスマスを行う「普通の日本人」の宗教観をみいだし、キリスト教徒に親しみを感じたという。

　A君の抱いていたキリスト教に対する暗さや親しみにくさといったネガティブな印象は、フィールドワークを通じて、取り払われることになった。その理由について、本人自身のフィールドノートには「キリスト教の信徒が"普通の"日本人だったから」「その言動や考え方は柔軟で、他者についても非常に寛容であったから」と記されている。そして信仰をもつ人に対して、無宗教である自分が尊敬できる点がたくさんあることを知ったとしている。くわえて自分が無宗教なので宗教を客観的にみることがで

きると考えていたが、逆に無宗教という偏見をもっていた可能性があったことに気づいたと述懐している。

フィールドワークは調査対象地域や調査対象者だけについて考える機会であるだけではなく、今までとは別の視点で自分自身の考え方や自文化を見つめ直し、相対化する機会にもなる。他者の文化を調査し考えるということは、とりもなおさず他文化を鏡として自文化を理解することを意味するのだ。

フィールドワーカーとはそのような作業を通して文化一般を客体化し、あらゆる文化を相対化しながら観察する活動なのだ。つまりフィールドワーカーは自分がつねに「よそ者」であることを意識し、カルチャーショックの達人を目指している。

12. 文化人類学は役に立つ

これからはグローバル化社会になるといわれている。それがどんな社会なのか、グローバル化がどの程度進むかはわからないが、日常的にさまざまな文化に接したり、異文化をもった人と交流する機会が増えることは間違いないだろう。他者を理解し、異文化を理解するには自分自身を知り、自文化がどんなものかを知ることは必須だ。日本の文化とはどんなものかを客観視できるようになって初めて、世界の中の日本を知り、日本について考えることができる。

ところが残念なことに、日本人にとって日本文化は、すでに自明のことだから、あらためて考えることはほとんどない。私たちの自分自身や日本文化についての理解は浅薄なレベルにとどまっている恐れがある。

文化人類学は自明なことに注目し、日本文化を世界のたくさんの文化と比較することで、自分たちが何者であるかを知る。自分の生き方を考えるためには、多くの生き方を知ったほうがよい。世界には多様な文化があり、自分の常識を超える考え方や習慣が存在する。今生きている身の周りの世界だけが世界ではない。できるだけ多くの文化を知った方が、自分の

求めていた生き方や理想がみつかる可能性が大きくなる。

　文化人類学は、あなたが今のような激動の時代にも対応できる力になる。フィールドワークで鍛えられたあなたは、きっと問題発見能力と、問題解決策を探る力を身につけることができるはずだ。これまではみえなかった進路や価値観を見つけ出す力、独創力、小さなものに目を配る力など、激動の時代でも、生き抜ける力をもつことができる。

　大学に入ったら、好奇心の赴くままフィールドワークを体験してもらい、自分を磨いてほしいと思う。きっと考える力と行動力がともなう実践の知を身につけることができるはずだ。

（村田敦郎）

注
1）　佐藤郁哉『フィールドワーク増訂版　書を持って街に出よう』新曜社、2007年。

第14章

就活に役立つキャリア支援科目

1. 就職支援とキャリアセンター

（1） 就職するのは難しい

大学入学の目的はなんだろう。学問を勉強したい、一人暮らしをしてみたい、遊びたいなどさまざまだが、ほとんどの人にとっては就職がゴール（終着点）となる。

中堅大学では、家が豊かで卒業後、働く必要がないという人はまずいない。専業主婦になり家庭生活を楽しむことは多くの女子学生の夢だ。それを実現する人は、絶対にあり得ないわけではないが、とても珍しい。私のこれまでの経験では卒業と同時に専業主婦になった例は過去5年間、合計47人の担当女子学生で1人もいなかった。やがては専業主婦になりたいという女子学生を含め、ほぼすべての学生は卒業までに就職先を決めたいと思っている。最近は就職するのは非常に難しい。

（2） 学生に何が足りないのか

大学生は就活の成否によって人生がかなり決まってしまう。多くの学生は就活に苦しむ。私は、どの学生も人物は悪くないと思う。しかし、ワーカー（労働者）として採用されるに必要な「基本的スキル（技術）」が不足している。このことが就活の失敗の原因の一つだろう。

基本的スキルにはいろいろあるが、特にコミュニケーションに関するスキルが足りない。コミュニケーションとは相手に感情、知識、考え、情報

を伝えることで、誰でも日常的に実施している。しかし、最近の学生のコミュニケーション能力は大学生にふさわしい水準に達していない。

　大学で勉強するにも、就活で成功するにも高い水準のコミュニケーション能力が必要だ。私たちは「キャリア支援科目」で学生に不足しがちな基礎的スキルを強化し、コミュニケーション能力の向上を行っている。

（3）キャリアセンターの支援対策と限界

　最近は大学にキャリアセンター、キャリア支援室、キャリア支援課などが作られ、担当者が学生の就職の手伝いをしている。就職支援センターという名前のところもある。就職支援だけでなく進学、留学、ボランティア、インターンなども扱うところが多い。キャリアとは「職業や生涯の経歴」（『広辞苑』）という意味だが、就活の話の中ではキャリア支援は就職支援という意味で使われる。

　就職がうまくいかないのは、できの悪い学生、遊んでばかりいた学生、まじめに働く気のない学生だけではない。普通の学生でも就活に失敗する。何が悪いのだろうか。

　2013年3月の大学生の卒業後の状況調査（文部科学省の学校基本調査）を見ると深刻さがわかる。卒業生約55万9,000人のうち、進学も就職もしなかった者と就職したがフルタイムの正規職員になれなかった者の合計は11万6,000人だ。つまり、全体の21％が安定した職につけなかった。40人学級なら約8人。あなたはそうならない自信があるだろうか。

　正社員として就職できれば安心というものでもない。長期にわたって安定して働けなければ安心して暮らせないだろう。内閣府の2014年3月のデータでは、高等教育機関（大学と専門学校）の卒業者で就職した者は56万9,000人だった。調査の時点で就職後3年以内の早期退職者が19万9,000人いた。これに卒業時に就職できなかった者と一時的な仕事についた者を合計すると33万9,000人（約60％）になる。つまり、安定した職に就いている人は40人学級なら16人しかいない。あなたは「勝ち組」に入れるだろうか。

キャリアセンターは学生が就職競争に勝つ助けをしている。それにもかかわらず、60％の卒業生が職業とミスマッチをおこしているということは、キャリアセンターの就職支援の効果に限界があるのではないだろうか。

2. 態度が問題だ

（1） 学生のコミュニケーション能力不足

学生指導の経験から、私たちは、相当数の学生は「社会的な不適応状態」にあると見ている。この不適応状態がコミュニケーション能力の不足という形で現れているのだろう。

学生のコミュニケーション能力不足は、「声が小さい」「積極的に発言しない」「相手の話をしっかり聞かない」「対話ができない」などのコミュニケーション上の「問題行動」として指摘されることが多い。そこでキャリアセンターは「大きな声で話す」「積極的に発言する」「話をしっかり聞く」「相手とことばをやり取りする」といった訓練をしている。しかし、就活の面接場面を想定し、そこでどう振る舞えば良いかという指導では、内定は勝ち取れるかもしれないが、別の場面では役に立たないのではないか。私たちは学生の個々の問題行動の背後にある「学生の態度」に根本的な問題があると考えている。

（2） 就職と態度

態度とは生活や人生に対するその人の構え、姿勢、方針、やり方のことだ。誰もが毎日の生活や将来の計画について自分なりの態度を持っている。それが個人の個性だ。あなたは「就職できなかったり、早期退職したりするのは態度が悪いからだ」と言われたら困ってしまうだろう。「態度が悪い」はその人を全面的に否定する言葉だからだ。

自分の態度は自分独自のもので、自分らしさの中核だ。態度はささいなきっかけで変わることもあるが、普通は簡単には変わらない。それを変え

ようとすると人格改造のような大仕事になる。もしも「態度を変えなければ就職できない」としたらひどい話だ。

それでも私たちは、学生には態度修正が必要だと考えている。こう言うと、洗脳、マインドコントロール、自由意思の剥奪などをイメージする人もいるだろう。だが、くれぐれも誤解しないで欲しい。私たちはそんなことは決してしない。自分らしさを変えずに自分の態度のマイナスの部分を変えるのはどうすればよいのか。それにはまず、自分の態度について理解する必要がある。

（3） 態度と集団主義

中堅大学の学生の態度は「集団主義的」「没個性的」「消極的」な態度の方向に振れる傾向がある。その傾向の大人たちはたくさんいる。しかし、そのような態度の学生を喜んで採用する企業はほとんどない。

集団主義は決して悪いものではない。人は集団の中で生まれ、成長し、学び、働き、生活する。社会生活に集団は必須だ。私たちは集団のメンバーの立場を維持し、集団のルールを重視し、集団の他のメンバーの意見や行動を尊重し、その人たちと同調しようと配慮する。

このような集団主義的態度は日本で生きていくにはとても大切だ。私は日本人の集団主義は世界的にも優れたものだと思っている。ではなぜ集団主義があなたの就活の障害になるのか。

集団主義にはいろいろなタイプがある。集団主義の中でも没個性的、消極的な集団主義が問題なのだ。

（4） 学校集団主義

日本の小中高校には独特の集団主義がある。それを「学校集団主義」と呼ぶことにしよう。この集団主義は学校教育の場で生徒に教え込まれる。

日本の学校では「承り教育」の授業が主流だ。教師が一方的に知識を授け、生徒がそれを承る（うけたまわる＝礼儀正しく聴く）授業だ。学校の授業とはそういうものだと思い込んでいる人は多い。

しかし、実際には教師が一方的に話すだけの授業はめったにない。対話型授業が理想と考えられているからだ。教師がクラス全員に質問を行い、教師と生徒の間の対話を通じて授業が進み、生徒全員の理解が深まっていくという筋書きだ。

ところが、このような授業風景は、絵に描いた餅のように現実離れしている。思い出してほしい、あなたは教師との対話に積極的に参加したろうか。教師からの問いかけに自発的に答えるのは少数の、いつも決まった生徒だったのではないか（以下では消極的な学生を念頭に話をすすめる。気に障ったら許してほしい）。

教師との対話に参加していたのは、学力もコミュニケーション能力も高い生徒で、中レベルのあなたとは違うタイプの生徒ではなかったか。あなたを含め、大部分の生徒は対話に参加せず、対話型授業を承っていただけだったのではないか。

あなたたちは無理をして発言することなどはせずに目立たないようにしていたろう。指名されると「わかりません」「考え中です」、あるいは「…（沈黙）」で、なんとかその場をやり過ごしたろう。これは承り型授業でよく見られる光景で、教室内で大勢に従う学校集団主義が生み出した態度だ。

あなたが集団の中でおとなしくしていることを好むタイプなら、あなたは学校集団主義の多数派のメンバーだ。多数派は楽だ。進んで何かをすることはないから緊張することもないし、間違った対応をして笑われることもない。あなたはこの学校集団主義の消極的で、集団埋没的で、個性を発揮しない態度に慣れ親しんでいて、それを自分の人格にしっかり組み込み、自分の態度としている。

学校集団主義は生徒の間の格差を認めず、理想的な教育環境（学校ユートピア（コラム 4））を作り出している。そこでは結果的に子供たちを画一的で没個性的、受動的な生徒に仕立てている。このような特徴の集団主義的態度は日本の小中高校のデ・ファクト・スタンダード（事実上の標準）だ。標準なので、学校内でこの態度でいても違和感はないし、叱られたり

恥をかいたりすることもない。

　小中高校ではそれで良かった。しかし大学生になると、あなたはこれまで親しんできたのとは異なる世界の住人となる。そして4年後には、もっと大きく異なる大人の世界に出ていく。

　大学で学校集団主義の態度は通用しない。その態度では大学を活用できないし、大学生活を楽しめない。学校集団主義に慣れ親しんできた学生にとって、態度の切り替えは簡単ではない。どうすればよいのだろう。

3. 学生の態度修正

（1）キャリア支援科目の新設と成果
　大学教育では高いコミュニケーション能力が期待される。近年、私の大学でも学生のコミュニケーション能力が低下して専門教育に支障が出ている。社会人としても通用しないだろう。そこで科目を新設してその強化を行うことにした。コミュニケーション能力は、大学教育で必要なだけでなく、卒業後もずっと役立つので「社会情報キャリア実習」という名称にした。

　この科目は専攻生20人を対象とする専門基礎科目で、専門教育に必要な基礎的スキルを学ぶのが目的だ。その成果は悪くない。教員の側ではゼミ論文や卒業論文の指導が楽になった。学生は勉強に対する態度が改善され、生活に対する姿勢も前向きになった。就活がうまくできる学生が増えた。私たちの専攻学生の過去5年間の採用内定率は平均で90％台だ。これは自慢できる。

（2）消極的態度の実態
　まず、何が問題なのか明らかにしよう。

　授業で簡単な討論を試みた。私がテーマについて解説を行い、学生に発言を求めた。普通の学生なら発言できるようなテーマを選んだ。

　例えば、「一人暮らしの学生の食事について」をテーマとし、自炊の勧

めや簡単なレシピ、最近の学生の食生活事情が出ている新聞コラムを読んでもらい、次に自分の意見や体験や感想を話してほしいと発言を呼びかけた。

いくら待っても誰も何も答えない。学生たちは居眠りをしているわけでも、携帯電話で遊んでいるわけでもない。おしゃべりもしていない。黙ったままうつむいているか、顔を上げていても無表情のままだ。

このような状況はこの授業に限ったことではない。多くの教員が似たような体験をしている。しびれを切らした教員は、ランダムに、あるいは名簿順に指名して答えさせ、その答えをもとに話を展開する。指名しても答えがない場合もある。その時は、学生が言いそうな答えを自分で言って授業を続ける。

教員は対話型授業をしているつもりなのだ。自分の問いかけに自分で答えて授業を進めていく。しらけた雰囲気の中で、教員は気の利いた答えや面白い答えを思いつき、それを紹介し、自分の冗談に自分で笑ったりもする。「アタマがおかしいおじさん」に見えるかもしれない。

これはどう考えても異常だ。学生が教師に反抗しているのか、教師を馬鹿にしているのか、それとも話が理解できないのか。

その答えはこうだ。発言できる学生がいないのだ。小中高校の授業で、活発でいつも発言する生徒たちが欠席し、教室の中が承り型授業に適応している集団埋没型の生徒だけになったら、このような状態になるだろう。

学校の中では学校集団主義で行動しても問題ない。むしろ、そうしなければ損をしたり、恥をかいたり、いじめられたりすることがある。私の学生たちは承り型授業が身に染みついている。そしてこれまで親しんできたその態度をやめようとしない。

教師と学生や学生同士の討論コミュニケーションが成立しないのは、学生たちが次のように思っているからだろう。

・討論では誰かの発言に対して意見を述べなければならない。それが反対意見になって、相手を否定するかもしれない。恨まれるのはいやだ。

- みんなの前で自分の意見を発表して、それが間違っていたらいやだ。
- 場違いの意見を言って、変な人と思われるかもしれない。だからいやだ。
- 自分だけ発言すると他の人と差ができて目立ってしまうからいやだ。
- 自分の本音を知られる。それがいやだ。

コミュニケーション能力が不足しているというよりも、討論することが自分のポリシーに合わないので感情的に拒否しているのだ。

学生たちが今の態度を修正しなければ授業もうまく進まない。また、このような控えめな態度をとり続けるなら就活でも失敗するだろう。周囲の人たちの顔色をうかがい、卑屈なまでに消極的に振る舞おうとする若者など、なんの役にも立たないからだ。

（3） 学校集団主義を克服しよう

中堅大学の学生は学力水準が互いに似通っている。この特徴を利用することにした。

学生たちの学力は高くはないが、学力が高くないからといって、控えめにしていなければならない理由はない。中堅大学は中程度の学力の学生に合わせて高等教育を行う学校なのだ。中堅大学はあなたたちのための大学だ。

中堅大学では学力が中レベルの学生同士が、お互いがわかる内容、知っている事柄をもとに討論できる。議論のテーマをまるでサッカーのボールのように蹴りあい、共通の理解というゴールを目指す。あなたはプレーヤーなのだ。観客席からピッチ（競技場）に降りて自分の脚で立たなければならない。

自分たちが理解できるテーマについて互いにのびのびと話しあい、相手を理解し、自分がどう理解されているのかを理解することは、本当に楽しく胸がドキドキするような経験だ。あなたは中堅大学ではレギュラーメンバーだ。決して補欠でも観客でもお邪魔虫（その場にいると差し障りのある人）でもない。あなたはクラスの全員に意見を聞いてもらい、他の発言

者たちの意見を聞き、共感し、反発し、驚き、説明し、そして納得する。
　あなたたちのコミュニケーション能力はもともと低くはない。あなたたちは一時的に学校集団主義の病に侵されて、個性と自主性と積極性を失っているだけだ。自信をもって話し合いに参加して、言いたいことを言っていい。意見を交換するのは楽しい。そのことに気付けば、あとは、個人差はあるが、皆、積極的に発言しあうようになる。

4. 強化項目

　この授業の強化項目を紹介しよう。

（1）なまけ者にならないこと

　日本の大学生はなまけ者になりやすい。夜更かしする、寝坊する、部活動やアルバイトに熱中し、欠席する、課題を出さない。あるいは授業には出てくるが勉強に真剣に取り組まない。これには理由がある。
　大学は伝統的にはエリート層の教育機関で、将来、指導者となる若者の自律性を重んじたため、毎回の授業に出るも出ないも学生の自由に任されていた。学生がスポーツや音楽に熱中したり旅行を楽しんだりすることは当然と考えられていた。大学生には最大限の自由が与えられている。この伝統は今も生きている。
　ここで大変な勘違いがおこっている。
　今の大学生は昔の大学生とは同じではない。中堅大学の学生は、昔のエリート学生ほど学力が高くないし自律心も弱い。大学生には最大限の自由が与えられているが、それは自由が若者の可能性を最大化するからだ。ところが中堅大学の学生は、可能性を追求する自由を義務からの自由、すなわち「なまける自由」と誤解している。大学生はなまけ者でもいい、というのはひどい誤解だ。そんな日本的常識は世界では通用しない。
　以前、私が滞在していた米国のボストンでは通学のために市内に無料のスクールバスを走らせている大学が多い。その時刻表は朝5時から深夜1

時、2時までだった。午前8時から授業が組まれている。7時半頃には大学の周辺は登校する学生であふれている。米国の大学の学生は勤勉だ。なまけ者は大学にいられなくなる。

　東南アジアでも同じだった。タイのバンコクの大学では朝7時半から業務が始まる。インドネシアやバングラデシュなどのイスラム文化が主流である国では、信者は1日に5回のサラート（礼拝）が義務だ。朝のサラートは夜明け前に行う。まだ暗いうちから町のあちこちのモスク（イスラム寺院）のスピーカーから大音響でサラートへの呼びかけが流される。とても寝ていられない。普通はサラート後にそのまま仕事を始める。大学も例外ではない。

　日本でも難関大学の優秀な学生はなまけ者ではない。なまけ者では難関大学には合格できない。

　そこで授業を月曜1講目に行うことにした。朝9時からの授業は小中学校と比べればなんでもないだろう。しかしなまけ者の大学生にはこれはきわめてつらい。毎年1、2人は、月曜日の朝、起きるのがつらいという理由だけで受講を取り消す。他の学生は我慢して授業に出てきて、「月1」の理由を理解し、やがてなまけ者でなくなる。

（2）　英語に慣れる

　現在の社会状況を考えれば、大学で英語を強化しなければ大学進学する意味がない。

　近年、海外との交流の機会が飛躍的に増大したため、英語が使える人材はどこでも歓迎される。実は、中堅大学の卒業生の主な就職先の中堅企業で、英語ができる人材を求めているところは多くはない。ローカルな事業にビジネスを限定している企業が多い。しかし、そのような企業がいつまでグローバル化に無関心でいられるかは疑問だ。外国旅行するにも、インターネット通販を利用するにも、外国からの顧客を接待するにも、将来、転職することになったとしても、英語に慣れていることは有利だ。

　一般に中堅大学の学生は英語の学力が低い。外国旅行の経験も少ない。

第14章　就活に役立つキャリア支援科目　*183*

　私の大学では入学時点でパスポートを持っているの学生は1割程度しかない。この授業の受講生はTOEIC-IPでは平均で400点前後で、全国の大学生の平均の450点程度より低い。300点前後の学生も珍しくない。学生たちは英語が大切なことはわかっているが、英語が大嫌いで、できる限り英語を避けようとする。そこで英語に慣れる訓練を計画した。

　世界を股にかけ海外でも一人で働けるような人材の養成は難関大学に任せることにした。私たちは日本人がグループとして協力しあって英語環境で働く状況を想定して人材育成をすることにした。

　私はこれまで多くの海外インターン、海外ボランティア、海外に進出している日本企業、あるいはJICA（国際協力機構）の開発援助プロジェクトの現場などを訪問した経験がある。大抵、複数の日本人が協力しあって働いていた。

　日本人の強みは集団主義にある。日本に本社のある、ある企業のインドネシア工場では3人の日本人が500人のインドネシア人と働いており、日常的に本社と連絡を取り合っている。ある医療系のデータベース開発会社はフィリピン支社でフィリピンの技術者を多数雇って医学雑誌から必要な情報を抜き出しデータベースに登録する仕事をしている。そこでは日本人5人とフィリピン人30人が働いている。

　どこでも日本人は日本語、英語、現地語、現地の社員は英語、現地語、日本語を混ぜて、集団として互いに緊密に連携して仕事をしていた。一般に外国人は個人プレーで働く。日本人は同じ会社の社員なら、日本人、外国人の区別なく、同僚として親しく付き合い、一緒に仕事をする傾向が強い。

　このような現状を踏まえて、集団の中で英語に接する訓練を行っている。専門ゼミで英語文献を読む、学外の実習やインターンで外国人と一緒に仕事をする、国際交流イベントで外国人と付き合うといった機会に役立つ。

　外国人であれ日本人であれ、自分と氏素性の異なる人たちと接する場合は、つきあい方のプロトコール（儀礼的なしきたり）がある。内向きの集

団主義に閉じこもっていた学生は、外の世界のプロトコールを知らない。特に外国人との付き合いとなるとお手上げだ。履歴書的な自己紹介やみんなで歌をうたうというのは世界共通のしきたりだ。他人の前で行う自己提示は研究成果のプレゼンテーションの訓練で、プロトコール実践練習だ。

英語に慣れるために次のようなことをしている。

・英語のミニレクチャー
・英語の自己紹介
・英語の履歴書作成
・よく知られている英語の歌をきいて歌詞を書き取る練習
・英語の著名な演説の暗唱練習
・自作自演の英語のビニエット（寸劇）

このうち、英語ミニレクチャーについて説明しよう。この授業は日本語で行っているが、学期中数回、授業中に英語の短い講義を入れている。2013年度は前期に4回、英語が堪能な教員に短いスピーチを依頼した。1回につき5分から15分間、英語で講義をしてもらい、その後、英語による質疑応答の時間をとった。

できるだけやさしい英語で話してもらった。学生が耳で聞いて内容を理解する場合、日本の中学英語の水準が適切だ。話題は次のようなものだった。

・「私が今の職業にたどりついた経緯」（物理学担当教員）
・「日本語教師をめざして米国に留学した話」（日本語教育担当教員）
・「大学で英語を勉強することの意味」（英語担当教員）
・「途上国で社会調査をした話」（社会調査担当教員）

大学2年生のこれまでの学習経験、生活経験、英語の基礎学力で理解できる内容にした。なじみやすい話題の短時間の英語講義なら学生は集中して聞くことができる。英語で質問がでたことに講師の教員は驚いていた。

（3）外へ出ていく

　私の学生たちは総じて行動力に乏しい。行動範囲はアパートと大学と部活動とアルバイト先の4ヵ所が限定されがちだ。行動範囲の外に広い世界が広がっていることを経験せずに卒業してしまう人も多い。そんな「井のなかの蛙」を雇う企業はない。当然、就活はうまくいかない。

　社会的な話題を扱ったゼミ論文や卒業論文でも、小学生の作文のような身近な世界の日常的な経験か、書籍やネットで検索した記事やブログを焼き直したものしか書けない。経験が少ないので、自分の日常生活からかけ離れた話題を消化し、文章の材料にすることができないのだ。

　そこで、積極的に外の世界に出て行く指導をした。国内外のインターンシップやボランティア参加、海外の語学学校への短期留学の紹介や情報提供を行った。外に出て行くのは最初は2、3名だったが、その後少しずつ増えていった。

　最近では半数以上の学生は何らかの形で学外活動に参加するようになった。その効果はすごい。態度が大人になって帰ってくる。学外活動は夏休みに実施する場合が多い。そこで、秋に体験発表会を実施している。発表を聞いた後輩たちが「大学生は短期語学留学したり、インターンやボランティアに参加したりするのが普通だ」、と思い、自分たちもまねをするようになる。これは期待しなかった副産物だ。

（4）新聞を読む

　最近の学生は新聞を読まない。新聞には国内外の最新のニュースだけでなく、その背景やエッセイ（いろいろな物事について考えて書いた小論）、歴史や世間的な常識も書いてある。それらの記事は他人と共通の話題を持つために重要だ。これができないといつまでも家族や幼なじみの友人との身近な話題のコミュニケーションしかできない人間にとどまる。

　日本経済新聞の土曜日版をコンビニで買ってもらい、月曜日の授業で掲載記事について意見の発表と討論を行った。土曜日版にはレシピやレジャー案内、生活の工夫などが載っているカラーの別刷りがついている。

学生も授業に使う以外にも楽しんでいた。

　自分とは無関係に見える新聞記事について、自分の意見を述べることは学生たちにとってはハードルが高く最初は嫌がっていた。しかし、次第に世間の話題について自分の考えを表明し、他の人と話しあうのはとても楽しいことに気付き、討論は学生のお気に入りの時間になった。

　私たちのキャリア支援科目は学生にも好評のようで、成果もあげている。他の大学でも似たような試みは行われているので、大学入学を機会に、ぜひ自分の態度を見直すきっかけをつかんでほしい。

（宇田川拓雄）

あとがきに代えて ── 著者たちからのメッセージ

▶伊藤（横山）美紀　（第10章、コラム6、コラム9担当）

　大学院修了後は、アメリカで日本語を教えていました。高校生の時からなりたいと思っていた日本語教師になれました。そこの仕事も生活も楽しかったです。日本語教員養成プログラムが始まったばかりの函館校に赴任して7年になります。これまで学生や同僚とのコミュニケーションを通して受けた、日本語教育に関する質問を思い出しながら、原稿を書いてみました。

▶宇田川拓雄　（まえがき、第1章、第2章、第14章、コラム1、2、3、4担当）

　私は函館校に転任後、長い間、教育大学で教員養成を目的としない課程の学生の教育指導をしてきました。社会学系の情報科学専攻を受け持ち、卒業生は最近の厳しい就活状況にもかかわらず9割以上が正規雇用の内定を得ています。大都会の難関大学とはいろいろな点で異なる地方の中堅大学に進学する学生が楽しい大学生活を送り、しっかりした将来設計を立てるためのヒントやアドバイスをお知らせしたいと思い、本書を企画しました。

▶大塚裕子　（第7章担当）

　大学4年間を目的意識なく過ごしてしまった人と、知的好奇心や学ぶ意欲をもって過ごした人とでは、その後の人生が大きく変わります。大げさに聞こえるかもしれませんが、これは事実！与えられるものを待っているだけでは無駄な4年間を過ごすでしょう。大学入学時の偏差値よりもその後の4年間のほうがあなたの未来に大きく影響します。大学に入る前に、入って間もない頃に、本書を手にとって、そのことを実感してください。

▶栗田真樹 （第3章担当）

　現勤務校を含め、二つの中堅私立大学で社会学と社会調査法を中心に指導してきました。学生は勉学意欲や将来の希望は豊かにもっているものの、それを実現するための知識、情報、技術などの準備が不十分です。「デビュー」という言葉で、皆さんが生徒 → 学生 → 社会人と進化する準備について述べました。一人ひとりが無事デビューして、ヒーロー、ヒロインとして人生の舞台で輝くために、参考にしてくだされればと考えます。

▶佐々木守彦 （第5章担当）

　大学に入ったら、高校の時までと違って広く世の中を見てみたい、新しい経験をしたいと、夢が膨らんでいることでしょう。ただ、ちょっとしたことでやる気をなくしてしまう時があるかもしれません。友達や恋人など「人とのつながり」は、やる気を生む源です。大学生になったら、その人の中に先生も加えてみてもいいでしょう。college（大学）の語源は「人の集まり」ですから、それを活かして学生生活を豊かにしてください。

▶椿本弥生 （第11章担当）

　私の専門は教育工学です。教育工学は、教え方や学び方の新しい方法を開発して、教育をよりよくするための学問です。論理的な文章を読んだり、書いたり、書いたものを直したり（推敲）することは大学生にとって必要な力ですが、なかなか難しいものです。論理的な読み書きを支援する方法やシステムの開発を手がけています。また、メタ認知を活用した学習方法や教材の開発も行っています。

▶内藤一志 （第12章担当）

　私の専門は、学校の「国語」で何をどう教えるかを研究する国語科教育です。高校までの「国語」の勉強と大学での勉強のつながりをはっきりさせて、大学で必要な日本語力について伝えたいと思いながら書きました。書きながら、改めて高校までの学習内容や方法に問題があるなあと思った次第。大学進学は、これまでの勉強の仕切り直しの機会でもあります。どうか、「国語」の苦手な君が、大学に入って「日本語」が得意になりますように。

▶福田　薫 （第9章担当）

　外国語の学習も含めて、続けて努力できればスキルは必ずアップします。ただし、自分の気持ちの持ち方次第で結果に大きな違いがでるのはよくあることです。外国語は人生を豊かにしてくれる鍵の一つですが、大学選択の機会に、外国語スキルの習得が自分の生き方にとってどのような意味をもつのかをよく考えてほしいです。英語をはじめ外国語とどうつきあうかは、大学卒業後の生き方と向き合うことでもあります。

▶松浦俊彦 （第8章、コラム5担当）

　私は現在の勤務校で環境科学を専攻する学生を指導しています。この大学には高校生のときは程々の勉強しかしていない学生が多くいます。こうした学生は教員が何もせずに放置すれば勉強しません。しかし学習環境を整え努力を評価する教育をすればしっかり勉強するし、伸びしろが大きいため、大きく成長して卒業し、社会で活躍します。本書を通して、学問を積極的に学ぶための学習環境づくりや学びの意義と楽しさを伝えたいと思います。

▶村田敦郎　(第13章担当)

　はじめて文化人類学に触れる方にも興味をもっていただけるように書いたつもりです。いかがだったでしょうか？　世界は身の周りやテレビの中だけではありません。異文化に触れて、自分とは異なる考え方や生き方を学んでみましょう。その経験が、あなたの新しい考え方や生き方につながるかもしれません。本書の読者で興味をもった場所や集団でフィールドワークをしてみようと思った方がいらっしゃれば、これにまさる喜びはありません。

▶吉井　明　(第4章、第6章、コラム7、コラム8、コラム10担当)

　大学では新しい知識を楽しむとともに、いままで自分が知っていると思っていたものを見直そうということを書きました。毎日の平々凡々たる生活を自立した大人として生きていく経験が大切です。新しい知識は、大学の講義でだけでなく、高校生までに知った身近なことばや事物の意味を再発見することでも得られます。たくさんの知識やそれを発見するたくさんの経験をして、よりよき学生生活を過ごされることをお祈りしています。

著者紹介

伊藤（横山）美紀　（いとう　みき）
- 執筆担当：第10章、コラム6、コラム9
- 略歴：北海道教育大学函館校総合科学課程卒業（言語科学コース）、米国ウィスコンシン大学マディソン校大学院東アジア語学文学研究科修士課程修了（日本語学専攻）、日本語学修士
- 現職：北海道教育大学准教授
- E-mail：ito.miki@h.hokkyodai.ac.jp

宇田川拓雄　（うたがわ　たくお）
- 執筆担当：まえがき、第1章、第2章、第14章、コラム1、コラム2、コラム3、コラム4
- 略歴：東北大学文学部（社会学科）卒業、東北大学大学院博士課程単位取得退学（社会学専攻）、文学修士
- 現職：北海道教育大学教授
- E-mail：socialresearcher7@gmail.com
　　　　utagawa.takuo@h.hokkyodai.ac.jp

大塚裕子　（おおつか　ひろこ）
- 執筆担当：第7章
- 略歴：東京女子大学文理学部卒業、神戸大学大学院博士後期課程修了（システム機能科学専攻）、博士（学術）
- 現職：公立はこだて未来大学准教授
- E-mail：（非公開）

栗田真樹　（くりた　まき）
- 執筆担当：第3章
- 略歴：関西学院大学社会学部卒業、関西学院大学大学院博士課程単位取得退学（社会学専攻）、修士（社会学）
- 現職：流通科学大学サービス産業学部教授
- E-mail：Maki_Kurita@red.umds.ac.jp

佐々木守彦　（ささき　もりひこ）

　執筆担当：第5章

　略歴：東北大学工学部卒業、東北大学大学院修士課程修了、工学修士

　現職：株式会社三菱総合研究所主席研究員、北海道教育大学講師

　E-mail：（非公開）

椿本弥生　（つばきもと　みお）

　執筆担当：第11章

　略歴：東京学芸大学教育学部卒業、東京工業大学大学院博士課程修了（人間行動システム専攻）、博士（学術）

　現職：公立はこだて未来大学システム情報科学部准教授。

　E-mail：mtsubaki@fun.ac.jp, miotsubaki@mio-lab.net

内藤一志　（ないとう　かずし）

　執筆担当：第12章

　略歴：北海道教育大学教育学部函館分校卒業、筑波大学大学院修士課程（教科教育学専攻）修了、教育学修士

　現職：北海道教育大学教授

　E-mail：naito.kazushi@h.hokkyodai.ac.jp

福田　薫　（ふくだ　かおる）

　執筆担当：第9章

　略歴：北海道教育大学札幌校（英語専攻）卒業、北海道大学大学院博士後期課程単位取得退学（英語学専攻）、文学修士

　現職：北海道教育大学教授

　E-mail：fukuda.kaoru@h.hokkyodai.ac.jp

松浦俊彦　（まつうら　としひこ）

　執筆担当：第8章、コラム5

　略歴：北海道教育大学教育学部函館校（理科専攻）卒業、北海道大学大学院博士課程修了（量子物理工学専攻）、博士（工学）

　現職：北海道教育大学准教授

　E-mail：matsuura.toshihiko@h.hokkyodai.ac.jp

村田敦郎　（むらた　あつろう）
　　執筆担当：第 13 章
　　略歴：早稲田大学人間科学部卒業、早稲田大学大学院博士課程修了（文化人類学専攻）、
　　　　博士（人間科学）
　　現職：北海道教育大学准教授
　　E-mail：murata.atsuro@h.hokkyodai.ac.jp

吉井　明　（よしい　あきら）
　　執筆担当：第 4 章、第 6 章、コラム 7、コラム 8、コラム 10
　　経歴：東北大学文学部卒業、東北大学大学院（西洋史学）博士課程後期中退、文学修士
　　現職：北海道教育大学准教授
　　E-mail：ys@sjw3.com

■編著者紹介

宇田川　拓雄　（うたがわ　たくお）

　略歴：東北大学文学部（社会学科）卒業、東北大学大学院博士課程単位
　　　　取得退学（社会学専攻）、文学修士
　現職：北海道教育大学教授
　E-mail：socialresearcher7@gmail.com
　　　　　utagawa.takuo@h.hokkyodai.ac.jp

高校生・受験生・大学生のための中堅大学活用術

2014 年 10 月 30 日　初版第 1 刷発行

■ 編 著 者────宇田川拓雄
■ 発 行 者────佐藤　守
■ 発 行 所────株式会社　大学教育出版
　　　　　　　〒700-0953　岡山市南区西市 855-4
　　　　　　　電話 (086) 244-1268　FAX (086) 246-0294
■ 印刷製本────モリモト印刷

©Takuo Utagawa 2014, Printed in Japan
検印省略　　落丁・乱丁本はお取り替えいたします。
本書のコピー・スキャン・デジタル化等の無断複製は著作権法上での例外を除き禁じられて
います。本書を代行業者等の第三者に依頼してスキャンやデジタル化することは、たとえ個
人や家庭内での利用でも著作権法違反です。
ISBN978-4-86429-276-4